ロマ民族の起源と言語

インド起源否定論批判

金子マーティン
Kaneko Martin

解放出版社

凡例

1　一般的にあまり知られていないと思われる本書登場の概念、語彙や人物は、注で解説を試みた。読者自身がインターネットなどを使い、調べ直す可能性を残すため、それらの概念、語彙や人名のアルファベット表記も併記した。

2　「表記法の異なる外国語をカナに移すことは不可能」（本多勝一『日本語の作文技術』、朝日新聞社、一九八二年）とされるが、外国の地名や人名のカタカナ表記は、可能な限り原音に近づけた。そのため、日本で慣例の表記法と異なる場合もある。基本的に di はジでなくディ、hu はフでなくホゥ、si はシでなくスィかズィ、ti はチでなくティ、tu はチュでなくトゥ、zi もチでなくツィ、va や vi はワやビでなくヴァとヴィ、wa はワかウァ、wi はウィと表記する。本書のカタカナ表記はすべて著者・金子マーティンの表記法であり、その責任の所在も全面的に著者にある。

3　通常のアルファベットでロマニ語を表記することも困難であるため、ロマニ語研究者が使うアクセント符号がついた特殊文字を使う場合もある。それら特殊文字の発音は次ページの特殊文字発音表を参照。また、ロマニ語は世界中のロマ民族構成員の総体が使う「標準語」に該当するようなものがなく、ロマの各下部集団によって発音も表記法も異なる。そのため、ロマニ語という同一言語であっても、その発音と表記法は統一されていない。

4　ロマ民族のインド起源を初めて実証した比較言語学者リュディガーの一七八二年発表論文から、主要個所を抜粋・翻訳した。

5　敬称は略させていただいた。

特殊文字発音表

ā = a = 短いア
á = aa = 長いア
æ = ä = アェ
č = tch (a, i, u, e, o) = チャ、チ、チュ、チェ、チョ
ē = e = 短いエ
é = ee = 長いエ
è = e = 短いエ
í = ii = 長いイ
ó = oo = 長いオ
š = sh (a, i, u, e, o) = シャ・シ・シュ・シェ・ショ
ś = sh (a, i, u, e, o) = シャ・シ・シュ・シェ・ショ
sch = sh = シャ・シ・シュ・シェ・ショ
tš = tch (a, i, u, e, o) = チャ、チ、チュ、チェ、チョ
ū = u = 短いウ
ú = uu = 長いウ
x = ch (a, i, u, e, o) = ハア・ヒイ・ホゥ・ヘェ・ホォ
ž = zh = j (a, i, u, e, o) = ジャ・ジ・ジュ・ジェ・ジョ

序文

中央ヨーロッパ諸国が封建体制から近世社会へと移行した一五世紀初頭あたりから、地元の人びととと風貌も言語も異なる「黒色の集団」が東方からやってきた旨を記した記録が、各地の『年代記』や『編年史』に載るようになった。もっとも、それらの人びとがどこの出身なのか、それは謎に包まれていた。

そこで幾多の「研究者」がさまざまな論を唱えたものの、それらの諸説は非科学的で、偏見にもまみれていた。その研究史を第一章で概観する。

東方からやってきた「色黒の異邦人」の民族語を数名の研究者が一八世紀後半に調査した結果、それらの人びとの故郷がインドであることが突き止められた。それを最初に実証した比較言語学者ヨーハン・リュディガーは、日本において無名に近いが、リュディガー論文の主要個所を日本語訳にして紹介する。

「ツィゴイナー」（ドイツ語圏）、「ジタン」（フランス語圏）、「ヒターノ」（スペイン語圏）や「ジプシー」（英語圏）などさまざまな他称で呼ばれた東方からやってきた「色黒の人びと」の自称をロマ（Roma）という。世界各地で差別と排斥の対象でありつづけるロマ民族は、ヨーロッパ連合（ＥＵ）最大の少数民族であり、ＥＵ圏内だけでもその人口は一、〇〇〇万から一、五〇〇万人と推定される。ロマ独自の人権獲得・反差別運動が一九七〇年代初頭から各地で展開されたが、それに対抗するかのように八〇年代に入ってからロマを自称する人びとのインド起源を疑問視し、当事者の大多数が嫌悪する「ジプシー」などの他称を使いつづける数名の研究者がヨーロッパ数カ国で出現した。

少数民族当事者が暮らす諸国においては、当事者自身の人権獲得運動体や当事者と連帯する研究者などがそのような論を批判する。また、その論は国際連合や欧州理事会などの国際機関が承認する「ジプシー史」ともまったく異なる。ところが、当事者が不在であるため反差別を掲げるような運動体がない日本へも、「ジプシー」の「インド起源否定論」が今世紀に入ってから上陸した。

当事者が不在であるということは、その国の住民が特定の少数民族に対する差別感や偏見と無縁であることを必ずしも意味しない。日本へはじめて上陸した「ヂプシー」の一団は、「西洋穢多」の名でもって新聞紙上に登場した（『京都日出新聞』一九〇一（明治三四）年九月一七日、本書一〇三〜一〇四ページ参照）。

ロマ民族の歴史や現状について正確な知識を持ち合わせている日本国民は、現時点においても多いとはいえない。そのため、ロマ民族の「インド起源否定論」が安易に受け入れられる基盤が存在するのではないかと危惧する。「ジプシー」の「インド起源否定論」を内容とする欧文書籍の日本語訳や日本人著者による著作も刊行されており、そのような論の妥当性を第二章で検証する。

ヨーハン・クリスティアン・クリストフ・リュディガーの銅版画

ロマ民族の起源と言語——インド起源否定論批判　目次

第一章　ロマ民族の起源についての研究史

はじめに

ロマ民族独自の言語、複数の発音と表記法があるロマニ語（Rrómani shib, Řomani čhib, Romani tšiw, Řomanés）とその少数民族の起源に関する中世からの研究史を第一章で概観する。まず、前近代に発表され、必ずしも学問的とはいえない「ジプシーの起源」を題材としたさまざまな書籍や論文を紹介する。

一五世紀までに中央ヨーロッパ各地にたどり着いた風貌も言語も異なる異邦人の起源が、多数派ヨーロッパ人にとっては謎でありつづけ、それを探究しようとする興味に「ジプシー語」研究はそもそも根差していた。そして、いつのまにか「ジプシー」などと呼ばれるようになったそれらの人びとに対する偏見や差別、排外主義に裏打ちされた幾多の仮説がつぎつぎと創作された。

スウェーデンの王立科学アカデミー（Kungliga Vetenskapsakademien, 一七三九年設立）は一七七九年に「ジプシーの起源」と題する懸賞問題の応募者を募った。その結果、金賞に該当する内容の研究を発表した者はいなかったものの、一五〇語ほどのフィンランド・ロマの語彙を収集した牧師で民俗学者のクリストフリード・ガナンダー（Ganander Christfrid, 1741-1790）が一七八〇年に応募し、銀賞を授与した。もっとも、当時「ジプシー」の起源はいまだ謎に包まれたままだった。

一七世紀末から一八世紀にかけてのヨーロッパ社会は、啓蒙《けいもう》思想の時代と呼ばれる。当時の社会意識をも超越し、現代人でも学べるような驚異的な人権意識が備わった研究者が、それまで発表されたさまざまな「ジプシー」に関する誤謬《ごびゅう》を批判しつつ、ロマ民族の故郷がインドであることをはじめて突き止めた。その先駆的業績はロマ研究の基礎史料として高く評価されるべきだが、その論文自体も、それを著した研究者もほとんど無名に近い。

ドイツ東北部ザックセン・アンハルト州マクテブルク近郊のブルクで生まれ、一七九一年から同州のハレ大学（一六九四年創立）の正教授に就任した比較言語学者のヨーハン・クリスティアン・クリストフ・リュディガー（Rüdiger Johann Christian Christoph, 1751-1822）がその研究者である。「ジプシーの言語とそのインド起源について（"Von der Sprache und Hekunft der Zigeuner aus Indien"）」（1）と題する四八ページの論文の執筆者であり、その論文で「ジプシー」の祖国がインドであることをはじめて実証した。

リュディガーによる比較言語学の研究業績は、『ドイツ語、外国語ならびに言語学一般に関する最新業績（*Neuester Zuwachs der teutschen, fremden und allgemeinen Sprachkunde*）』と題する全六巻の論文集として発行された。第一巻から第四巻（一七八二〜八五年）までをドイツ東部ザックセン州ライプツィクのクンマー出版が、第五巻（一七九三年）と第六巻（一七九六年）を同じくドイツ東部ハレのルッフェン出版が刊行した。ちなみに、第六巻は新刊書でなく、一七八二年刊行の第一巻の再版である。

「ジプシーの起源」がインドであることをリュディガーが比較言語学の立場から実証した論文、「ジプシーの言語とそのインド起源について」は、一七八二年刊の第一巻、および一七九六年刊の第一巻再版である第六巻に掲載された。

1　比較言語学者リュディガー

リュディガーの名は日本においてほとんど知られておらず、彼に言及した日本語図書は多くない。リュディガー姓のカタカナ表記が必ずしも正確でないにしろ、管見によればその名は五冊の「ジプシー」関連の翻訳書、およびそれ以外の図書三冊の計八冊のみに登場する。まず、それら日本語図書八冊に掲載されているリュディガーに関する記述を引用しよう。

「ジプシーの諸方言がインド語に所属することは、一七八〇年以前に、グレルマンおよびルディゲルというふたりのドイツ人とジェイコブ・ブライアントというイギリス人が気がついた」(２)。

「ルディゲル」とはリュディガーのことを指していると思われるが、リュディガーはグレルマンより六年前の一七七七年にそれに気づいたので、両者の順番は逆である。一九五三年刊のジュール・ブロック（Bloch Jules, 1880-1953）著『ツィガン（*Tsiganes*）』の日本語訳『ジプシー』にある記述だが、ブロックはインド語が専門のフランスの言語学者である。

「一七八〇年にドイツの言語学者、ハンリッヒ・モーリッツ・グレルマンとヤーコブ・カール・クリストフ・リューディガーのふたりが、サンスクリットとジプシー方言の言語学的関係を考察した」(３)。

これは、ベルギー生まれで、一二歳当時の一九三四年から三九年にかけてのほぼ五年間、伝統的生業が馬喰《ばくろう》だったロワーラ（Lowara）というロマ民族の下部集団と生活をともにし、第二次世界大戦中もロマとの接触を保ちつづけたためゲシュタポに逮捕され拘禁、四四年にロンドンへ亡命、五〇年にアメリカ合衆国へ移住してニューヨークで没した、著述家で写真家のヤン・ヨァーズ（Yoors Jan, 1922-1977）の体験記、初版が一九六七年にニューヨークで発行された『ジプシー（*The Gypsies*）』にある記述である。

「一八世紀後半になって、ジプシー語が現代インド語と同系であることがビュトナー（一七七五年）、リュディガー（一七八二年）、パラス（一七八二年）、マルスデン（一七八五年）によってそれぞれ独自に主張された」（4）。

日本とドイツの言語学者ふたりの共書のなかで、ドイツ人の言語学者ハラルト・ハールマン（Haarmann Harald）がそのように述べている。ロマニ語の研究者でもあるハールマンは日本語が使えないため、日本語図書に掲載されたその見解は翻訳である。なお、ハンブルク大学元教授のハールマンは、現在フィンランド・ルメーキの考古・神話学研究所の副所長を務める。

「ルーディガー《ママ》とグレールマン《ママ》という二人のドイツ人が、一七八〇年代に、ジプシーの使う言葉（ロマノー）がヒンズー語、特にインドのパンジャップ地方や現在のパキスタンの首都・カラチを中心に話される地方語とほぼ同類であることを発見した」（5）。

長年スペインの大学で教鞭《きょうべん》を執りつづけた近藤仁之がそのように記している。

「ドイツの学者ヨーハン・リュディガーもまた、インドとのつながりを指摘した最初のひとりである。彼は一七七七年に、サンクトペテルブルクの視学官H・L・C・バクマイスターの勧めで、ある文章をハレのジプシー女性にロマニ語方言に翻訳させた。これをほかのさまざまな言語と比較したリュディガーは、インドの言葉、とくにヒンディー語との類似性に気がついた」（6）。

こちらは初版が一九九二年にオックスフォードで発行された、イギリスの官僚で研究者だったアンガス・フレーザー（Fraser Angus, 1928-2001）著『ジプシー（*The Gypsies*）』の第二版にある記述である。

「ジプシーの問題についていえば、ドイツの歴史学者H・M・G・グレルマンによって道が開かれた。（…）この書物は、一七七七年にドイツの言語学者ヨーハン・リュディガーが、一七七六年にイギリスの言語学者ヤーコブ・ブライヤントが提起した説の延長線上にあった」（7）。

フランスの社会学者ニコル・マルティネス（Martinez Nicole）による一九八六年発行の『ツイガン（*Les Tsiganes*）』にある記述である。

「ジプシーの諸方言がインド語に所属することは、一七八〇年以前に、グレルマンおよびルディゲルというふたりのドイツ人（…）が気がついた」（8）との記述が訳書でなく、「ジプシー」関連の書籍でもない美術史学者の杉山二郎（1928-2011）の図書にもあるが、その内容は先述したジュール・ブロック著からの引用である。

「リュディガーにもジプシーにたいするさまざまな誤解と偏見があったが、それでも、グレルマンとは異なって、彼らをありのままに異民族として受け入れ、差別と抑圧の態度を改めるよう社会に求める主張があった」（9）。

「ジプシー／ロマ懇談会」（二〇〇二年創設）の主宰で「日本ロマ学研究会」の会員でもある水谷驍《みずたにたけし》の最新著『ジプシー史再考』に含まれる記述である。

なお、リュディガーに日本語で筆者が初めて言及したのは一九九三年（10）だった。日本のみならず英語圏でもリュディガーの名はさほど有名ではなく、「ジプシー」関連の英語リファレンスブック（11）にリュディガー関連の情報は掲載されていない。その結果、翻訳書も含む日本語のロマ関連図書にロマ民族のインド起源を突き止めた研究者として登場するのはリュディガーではなく、本書で批判的検討の対象にするハインリヒ・モーリッツ・ゴットリープ・グレルマン（Grellmann Heinrich Moritz Gottlieb, 1753-1804）（12）である場合が圧倒的に多い（13）。

2　「ジプシー」の祖国を探し求めた論者たち

ロマ民族研究者のなかでもロマニ語を研究対象にする言語学者たちは、一般的にその名があまり知られていないリュディガーの業績を高く評価し、「ジプシーのインド起源」にはじめて言及した研究者だといまだに多く人が信じるグレルマンを切り捨てる。

マンチェスター大学言語学研究所教授でロマニ語研究が専門のヤロン・マトラス（Matras Yaron）は、リュディガーの先駆的業績を高く評価するとともに、グレルマンを批判する。

「ロマの言語がインド起源であることをリュディガーが最初に追究し、その論文でロマニ語とヒンディー語とを体系的に比較した。リュディガーの業績を参考にしたと明記することもなく、グレルマンの博士論文がそれにつづいたが、リュディガー論文よりもグレルマン著がはるかに多くの読者を獲得した」（14）。

「一七八二年に小論を発表したリュディガーは、ロマニ語とインド語族との構造的関連性を証明しただけでなく、ジプシーに対する人種憎悪とその社会的排斥をも非難の対象にした。（…）リュディガーの功績をほとんど認めなかったグレルマンは、一七八三年発行の自著に同僚の発見を埋め込み、さまざまな論文を剽窃もした。（…）専門家はリュディガーの先駆的業績の価値を認めているものの、多くの人びとは現在にいたってもなお彼の論文を知らず、ロマニ語関連の一般的な書籍にも彼に関する言及はない」（15）。

『ジプシー語大辞典』を一九六〇年に著したドイツの言語学者スィークムント・ウォルフ

（Wolf Siegmund, 1912-1987）もグレルマンを批判し、リュディガーを高く評価する。

「ロマニ語とヒンディー語とを比較した最初の研究者が自分であるとの名声を確実なものにするため、その存在を知っていたにもかかわらず、グレルマンはリュディガーの基礎的業績に言及せず、それを無視した」（16）。

つまり、リュディガー論文を読み、それを参考にしたのにもかかわらず、グレルマンはそれを故意に黙殺したということである。

リュディガー論文を読んだ研究者が多かったとは思われないが、予想もしないような「ジプシー研究者」が同論を読んでいる。リヴァプール大学カレッジ（University College of Liverpool, 一八八一年創設のリヴァプール大学前身）附属図書館の司書として一八九二年から一九二八年まで勤務した「ジプシー研究者」のジョン・サンプソン（Sampson John, 1862-1931）がその人である。孫のアンソニー・サンプソン（Sampson Anthony, 1926-2004）が著した祖父の評伝、『ジプシー学者』に祖父のジョンが書き記した文章が紹介されている。

「ロマニ語と古代インド語との関連性を一七七七年に発見したドイツの言語学者リュデ

イガーは、最初の学術論文を発表した」(17)。

リュディガー自身も論文に、「自分自身でも驚いたが、(…)ジプシー語とヒンディー語との明確な類似性をようやく発見し、(…)喜び勇んで一七七七年四月にそれをペテルブルクのバクマイスター氏にただちに知らせた」と書いている。イギリスの「ジプシー研究者」ジョン・サンプソン(18)は、一八世紀末期のドイツ語で書かれたため、理解が容易であるとはいえないリュディガー論文を読んでいたことになり、その真摯な研究姿勢がうかがえる。

ロシアの帝国サンクトペテルブルク科学アカデミーのドイツ出身の言語学者ハルトウィック・バクマイスター(Bacmeister Hartwig, 1730-1806)の提案で、リュディガーは「ジプシー語」と他言語との比較研究を開始し、バクマイスターがリュディガーに送った短文を「ジプシー語」のネーティーヴ・スピーカーに依頼してロマニ語に翻訳させた。

バクマイスターが収集したあらゆる言語学資料すべてを遺品として相続したとされるドイツ系ロシア人のフリードリヒ・ヴォン・アデルング(Adelung von Friedrich, 1768-1843)は、バクマイスターがリュディガーに送った短文をロマニ語に翻訳した「ジプシー語」のネーティーヴ・スピーカーが、バーバラ・マケリン(Makelin Barbara)という女性であったことを、すでに一八一五年段階で突き止めている（19）。

バーバラ・マケリンについては生没年など不詳だが、現在「スィンティ（Sinti）」を自称するロマ民族の下部集団の女性だった可能性が高い。なぜなら、「おおよそ六〇〇年前からドイツで暮らすロマ・グループの末裔《まつえい》はスィンティ（男性単数形：スィント［Sinto］、女性単数形：スィンティツァ［Sintiza］）と呼ばれる」（20）からである。

もっとも、一八世紀後半当時の自称はスィンティでなく、カロ（Kalo）だった。「ジプシーの自称はカロ」との記載がリュディガー論文にもある。ところが、啓蒙主義者リュディガーでさえ、あとは一貫してドイツ語圏内のロマ民族の他称、当事者の大多数が不快語として拒絶する「ツィゴイナー」の語を用いている。

「ツィゴイナー」や「ツィガン」のようにツィではじまるロマ民族の他称＝蔑称は多いが、その語源は中世ギリシア語の「アツィンガノイ（Athinganoi）」で、意味は「不可触民」である。それを明らかにしたのは『ヨーロッパ・ジプシーの方言と移動（*Über die Mundarten und Wanderungen der Zigeuner Europa's*）』全一二冊（全八五四ページ）を一八七二年から八〇年にかけてウィーンで著したスロヴェニア出身（当時はハプスブルク帝国の一部）の言語学者でウィーン大学教授のフランツ・ミクロシッチ（Miklosich Franz［ドイツ語表記］、Miklošić Franc［スロヴェニア語表記］1813-1891）である（21）。

3　さまざまな誤謬

中央ヨーロッパ各地に姿を現した「色黒で外国語を使う」異邦人の出身地がどこであるのか、研究者も含む多数派ヨーロッパ人にとって「ジプシー」の祖国は長いあいだ謎に包まれていた。そのため、さまざまな非科学的な憶測が飛び交い、いろいろな物語が考え出された。数例を紹介しよう。

「西暦一四一八年にジプシーがはじめて当国へやって来た。統一性を欠いたバラバラな盗み癖のある不誠実な群衆で、道を踏み外した雑多な邪悪なごろつきの寄り集まりだった」(22)。

神学者ツィリアクス・シュパンゲンベルク(Spangenberg Cyriacus, 1528-1604)による編纂で、一五八五年発行の『ザクセン編年史(*Sächsische Chronica*)』の「一四一八年の項」に、このように記されている。

ちなみに編纂者シュパンゲンベルクは、キリスト教改革者マーティン・ルター(Luther

Martin, 1483-1546）に感嘆したといわれており、強烈な反ユダヤ主義者だったルターも、「あちらこちらから合流しただらしない邪悪な無頼者の寄り集まりであるユダヤ人は、タタール人やジプシーと同じように徒党を組んであちらこちらの国々をうろつくクズである」（23）と、一五四三年発行の自著で断言している。

「トルコ帝国とハンガリーの国境地帯に住む盗み癖がある（われわれがツィゲニと呼ぶ）人種は雑多な民族の混合体で人間のクズである。（…）彼らがヴェネト語を使い、裏切り者で間諜である証拠をつかんだ」（24）。

ドイツの編年史家アヴェンティヌス（Aventinus）ことヨハネス・トゥルマイア（Turmair Johannes, 1477-1534）が一五一七年から二一年にかけてラテン語で編纂した『バイエルン年代記（*Annales Boiorum*）』の「一四三九年の項」にある「ジプシー」についての記述である。

一七四九年発行のヨハン・ハインリヒ・ツェドラー（Zedler Johann Heinrich, 1706-1751）編纂の『あらゆる分野の学術・芸術世界大百科事典』第六二巻に所収されている「ツィゴイナー」の項でも、「社会的脱落者集団」論が説かれている。

「ジプシーは邪悪な無頼漢の寄り集まりであって、労働を嫌い、無為を好み、むさぼり食い、飲んだくれ、盗みや売春をし、賭け事などを生業とする。退位軍人や脱走兵、主人や親方に歯向かった不品行な雇人や職人、親元から逃げ出したしつけの悪い子ども、

792 *ANNALIVM BOIORVM*

edictis diuinum nomen f) ſuo praeponere coepit, quod etiam nunc poſteri obſeruant. *Albertus* filius eius cum *Adolpho* patruele *Strubingam* Auguſto ſe confert, conuentus agit, ſacramenta ſibi dicere iubet. Ipſe viciſſim legi Ottonianae fidem aſtringit.

18 Proximo quoque deinceps anno Albertus Caeſar defungitur quinto Calendas Decembris. Imperator *Fridericus tertius* Auſtriacus, proauus Imp. Caroli maximi Caeſaris Auguſti, in ſupremo generis humani faſtigio collocatur. *Boiemi* orbati rege, concordi animo *Alberto* auo principum noſtrorum regnum virtutis, comitiis nono Calendas Maii habitis, deſtinant, ad eumque in *Boiariam* optimos quosque qui eum in Boiemiam deducant legunt. *Albertus* Boiemis ingentes gratias agit, quod ſe tanto fortiſſimae valentiſſimaeque gentis Imperio prae caeteris tot egregiis principibus dignum iudicarint, memorem beneficii fore, redditurumque vicem pollicetur, ſe plures vrbes, & caſtella, quam vt ab vno commode gubernari poſſint, habere cauſatus, molem hancce detrectat, legatosque muneribus donatos in Boiemiam re infecta abire permittit.

19 Contra iisdem diebus gentilis *Alberti Chriſtophorus Ambergenſis*, regulus Boiorum, a *Cimbris* vocatus ad regnum, eo cum plerisque Boiorum equitibus, qui adhuc ibi habitant (ſicut epiſtola *Chriſtiernus* Cimbrorum rex *VVilhelmo* principi noſtro ſignificauit) profectus, *Danorum: Schandinauiae, Schandiae, Gothiae, Suionum, Nordmannorum, Finnorum* valentiſſimo ſeptentrionalis Germaniae imperio potitur.

20 Eadem tempeſtate furaciſſimum illud genus hominum, colluuies atque ſentina variarum gentium, quae in confinio Imperii Turcarum, atque Vngariae habitant (*Zigenos* appellamus) rege *Zindelone* noſtras peragrare coepere regiones, furto, rapina, diuinationibus impune prorſus victum quaeritant. Ex Aegypto ſe eſſe mentiuntur, extorresque domo a ſuperis cogi, ſe maiorum delicta, qui Deiparam Virginem cum puero IESV hoſpitio excipere recuſarint, ſeptem annorum exilio expiare impudentiſſime confingunt. Experimentis cognoui, eos vti *Venedica* lingua, & proditores atque exploratores eſſe. Tum alii, cum in primis Imperator *Maximilianus* Caeſar Auguſtus, & *Albertus* parens principum noſtrorum publicis edictis teſtantur; adeo tamen vana ſuperſtitio hominum mentes velut lethargus inuaſit, vt eos violari nefas putent, atque graſſari, furari, imponere impune paſſim ſinant.

Circa eundem temporis tractum *Ludouicus Angilostadienſis Angilostadii* templum *Deiparae* Virgini a fundamento magnifice extruit, ſex ſacerdotia addit, ſigna precioſa legat, fanum ſpecioſum nuncupat, mauſoleum marmoreum inchoat, eo *Stephani* patris oſſa a *Schonenfeld* transfert. Huc quoque vxores e Lutecia Pariſiorum, ea lege ibidem in templo Dominicanorum conditas, transportandas decreuit. Prochotropheion ſexdecim bardis, quibus duae foeminae miniſtrarent, pone Xenodochium aedificauit, illi, & templo ſuperiori Drachmarum auri millia ſeptem, atque nonagena deſtinauit. Sexdecim quoque cooptauit Pſaltas, qui die noctuque continenter per quatuor claſſes diuiſi ſuperos ſalutarent, hymnosque Dauidicos cantitarent: Baſilienſes patres horum omnium authores fiunt. 21

Dumque iſthaec exequi, & *Ioannis* 22 *Cypri* regis filiam, filio ſuo (ſicut literae ab eodem rege ad *Ludouicum*, XII. Auguſti Nicoſii datae ſignificant) deſpondere parat, filio *Ludouico*, inuito patre, vxor, affines inuenti ſunt: nempe *Ludouicus Gibber* (ita cognominabatur filius Ludouici Barbati) *Margaretham* filiam *Friderici Brandenburgenſis* (cui parens capitalis inimicus erat, vt quem nouum hominem appellare conſueuerat) connubio ſibi iungit: oppidisque ob hoc atque caſtellis a patre irato excluſus, auxilio *Alberti* fratris vxoris, menſe Octobri *Angilostadii* a ciuibus velut haeres, & princeps iuſtus recipitur, aetate parentem delirare dictitabat, moxque in vrbem admiſſus, cum ciues claues exhibere nollent, vi effracto ſanctiore templi aerario, gaza, ſuppellectile, pecunia patris, qui tum *Neuburgii* habitabat, potitur. Inde alias vrbes Danubio conterminas, praeter

「ジプシー」の言語はヴェネト語と書かれた中世史料（1439年）

むち打ち刑で罰せられたため、売春の仲買や自らの売春行為によってすでに金銭が稼げなくなった老婆などによって、その集団は形成されている」(25)。

「ジプシーはもともとユダヤ人だった。キリスト教徒の迫害を被ったため一四世紀ごろから森林の洞窟などに隠れ住むようになり、半世紀後に再び社会に出現してエジプトから来たと主張した。(…)その言語はドイツ語、イディシュ語、ヘブライ語と奇抜な言葉の混合物である」(26)。

ドイツ南西部のアルトドルフ大学（一六二二年創立）で東洋諸語の教授であったヨーハン・クリストフ・ワーゲンサイル（Wagenseil Johann Christoph, 1633-1705）が、一六九七年発行の著作『職匠歌人の優美な芸術（*Buch von der Meister-Singer Holdseligen Kunst*）』の序文で唱えた論である。この奇妙なワーゲンサイル説をリュディガーは論文で、「あまりに支離滅裂なため、これ以上その論破に時間を費やす意味もない」と痛烈に批判した。

いわゆる「二集団論」を唱える論者も出現した。「元祖だった最初のジプシーと、後からそれに合流した人びと、あるいは最初のジプシーたちが引き上げたあとになってから自らをジプシーと名乗るようになった人びととが区分されるようになった」とリュディガーは指摘しつつ、その論も厳しく批判した。

「一集団論」者のひとりが『スイス年代記（*Schweizer Chronik*）』を一五四八年に編纂したヨハネス・シュトゥンプフ（Stumpf Johannes, 1500-1576）である。「一万四〇〇〇人と見積もられた最初のジプシーが一四一八年にツゥイーリッヒに現れた。（…）それらの人びとはキリスト教を信奉し、多くの金銀を所有していた。みそぼらしい身形はしていたものの、飲食代などはちゃんと支払った。七年後にそれらの人びとは小エジプトへ戻った。（…）今日うろつき回っている無益な集団は、一四一八年のジプシーが帰郷してから寄り集まった人びとである」(27)。つまり、品行方正だった「最初のジプシー」と一五四八年当時の「ジプシー」とはまったく異質で無縁であるとの主張なのだが、「ジプシー」が独自の文化を保持する少数民族であることを認めようとしないところにその理解の根拠はある。

リュディガーと同時代を生きたプロイセン州の法律家、クリスティアン・ウィルヘルム・ヴォン・ドーム（Dohm Christian Wilhelm von, 1751-1820）は、リュディガー論文発表の前年、『ユダヤ人の市民的改善について』を著したが、同書で「ジプシー」についてもいくらか言及している。

「ジプシーは落ち着きのない、とても未開な民族である。ヨーロッパのほとんどの国々で施行される非人道的な政策による迫害を被っており、その生命は一文の価値もないと見なされているため、すべてのまっとうな生業に就くのを敬遠し、市民社会の宿敵として強奪によって生計を立てている。その人数がとりわけ多いバナト・テメシュヴァール地域〔現在のルーマニア、セルビアとハンガリーにまたがる地域の旧地名＝引用者注〕において、現オーストリア政府は彼らに定住用の住居を割り当て、農耕やその他の職業に従事するよう促している。ところが、定住生活と継続的な仕事に慣れさせることは極めて困難であり、気楽で平穏な生活よりも不安定で骨の折れる生活を彼らが優先することが経験上明らかにされた。もっとも、市民社会の懐に抱かれて生まれた彼らの子どもたちは、きっとよりうまく社会に順応することだろう。今から一世紀以上が経過しないかぎり、現在のジプシーの子孫が幸福で善良な市民にならないとしても、政府はその努力を中断すべきでなく、それを継続していかなければならないことは議論の余地を残さない」(28)。

この文面で評価できるところは、ドームが「ジプシー」を一民族と捉えていることぐらいであり、全体としては強烈な偏見と差別感に満ちている。当時の「ジプシー」総体が盗賊集団であったなどということは、ありうるはずがない。また、「オーストリア政府」＝ハプスブルク家の神聖ローマ帝国皇帝たちが遂行した暴力的で非人道的な「ジプシー同化政策」に対して、リュディガーは批判的だったが、ドームはグレルマンと同じくそれを高く評価した。

イタリアの自然科学者フランチェスコ・グリセリーニ（Griselini Francesco, 1717-1787）は、一七七四年九月から七七年三月にかけてドームが言及した「バナト地域」に滞在し、『テメシュヴァール・バナト地域の政治史と自然史試論（*Versuch einer politischen und natürlichen Geschichte des temeswarer Banats*）』全二巻を一七八〇年にウィーンの出版社から著した。

同地で「ジプシー」を観察したグリセリーニは先行研究も参考にしつつ、週刊の啓蒙雑誌『最新の多様性』に匿名《とくめい》で「ジプシー」関連の論文二本を一七八一年に投稿した。「ジプシーそのもの、とりわけテメシュヴァール・バナト地域のジプシーについて」および「テメシュヴァール・バナト地域のジプシーに関する論文のしめくくり」だが、グリセリーニはワーゲンサイルに引けを取らないような妄想的結論に到達した。

「エティオピア人、有史前の穴居人トロゴロダイト人とエジプト人が混血して放浪民族のジプシーが生まれた」(29)。

そのような荒唐無稽な論を唱えたグリセリーニも、グレルマンが引用文献として利用する重要な情報源だった。

4　グレルマン著『ジプシー』の批判的検討

「啓蒙主義者」と評されることが多いグレルマンは、「ジプシー」との交流をまったく欠いた純然たる「卓上の研究者」であり、以下で具体的に指し示すように極めて「反ジプシー主義的」で通俗科学的な本の作者だった。

リュディガー論文「ジプシーの言語とそのインド起源について」が発表された翌一七八三年、グレルマンは『ジプシー。ヨーロッパにおけるこの民族の生活様式、心身状態、風俗習慣と運命、ならびにその起源についての歴史的試論』（以下、『ジプシー』と略）を著した。さらに初版が発行された四年後の八七年に、書名をいくらか変更したドイツ語増補改訂版（30）が発行された。また、同年に最初の英訳『ジプシーについての博士論文、ヨーロッパにおけるそれらの人びとの生活様式、経済、習慣と状態に関する史的研究、ならびにその起源について』（31）も発行された。『ジプシー』は、一七八八年にフランス語、そして一七九一年にはオランダ語にも翻訳された（32）。『ジプシー』は、当時のヨーロッパ各国でかなり広く読まれたようだが、その結果、少なからぬ多数派ヨーロッパ人の「ジプシー像」

形成に多大な影響をおよぼし、現在もそれはつづいている。

もっとも現在、グレルマン著『ジプシー』を高く評価するヨーロッパ諸国や北アメリカ大陸のロマ民族研究者は皆無であり、同書はむしろ痛烈な批判の対象である。なぜならグレルマンの記述があまりにも「反ジプシー主義的」で人種差別主義的、偏見に満ち溢《あふ》れているからである。その一例を挙げよう。

ちょうどリュディガー論文の発表年にあたる一七八二年八月からヨーロッパ各国の新聞は、「人食いジプシー」という記事をセンセーショナルに報じた。ハンガリー西部で大勢の「ジプシー」が関与した〝人肉食〟事件が発覚したというのである。その廉《かど》で逮捕された一一〇人を超える「ジプシー」は拷問にかけられ、その過程で〝人肉食〟の証言が引き出された。そして、その罪状で四一人の「ジプシー」が八つ裂き、車裂き、打ち首や縛り首などの極刑に処せられた。

死刑執行のあと、啓蒙主義者とされる神聖ローマ帝国皇帝ヨーゼフ二世が〝人肉食〟事件が起きたとされる現地へ調査団を派遣して詳細を調べさせたところ、「ジプシーたちに食われた」と信じられていた農民の全員が、ピンピン生きている事実が判明した(33)。

つまり、「ジプシーによる〝人肉食〟事件」は冤罪《えんざい》だったことが判明したのだ。ところが、それが証明された五年後の、一七八七年に発行された改訂版『ジプシー』第一章第四節の

「食べ物と飲み物」で、グレルマンは十数ページもの紙面を割いて「ジプシーの人肉食」を取り扱った。「人肉食による告発のより古い史料は未見」と認めつつも、それでもグレルマンは「人肉食はジプシーの祖国の風習である」とまで断定した（34）。また、「ジプシーによる斃獣《へいじゅう》の屍肉食《ふにくしょく》」にもグレルマンは同節で言及した。さらに、第八節の「夫婦生活としつけ」でグレルマンは「近親交配」、「思春期からの性交渉」や「早婚」などを「ジプシー社会」の特徴として強調した（35）。

ここからは、数名の研究者によるグレルマン批判を紹介しよう。

グレルマンは「今日まで影響をおよぼしつづける人種差別主義的反ジプシー論の最初のイデオローグ」（36）と酷評されている。

「ジプシー研究の古典的な代表作品の作者グレルマンは、自らの研究対象を実見する必要すら感じなかったため、ロマ民族の実生活でなく、ジプシーに対するさまざまなステレオタイプをわかりやすく、はっきりとしたかたちで描写することに専念した」（37）。ロマ民族との直接的接触を回避したグレルマンは、すでに刊行された既存文献ばかりを参考にした純然たる「卓上の研究者」だったのである。

「一次資料を駆使することもなく、文献学や民族学の専門知識も持ち合わせていなかったグレルマンは、伝承された『知識』を寄せ集めたに過ぎず、グレルマン著はほかの著者たちによる情報、むしろ憶測としてすでに公表されていた内容を要約したものに過ぎない」(38)。

グレルマン著『ジプシー』巻末の「付録」で紹介された中世史料を検討した研究者は、「ジプシー関連の史料の無頓着な取り扱いは早い段階から目立った。それらの史料を書き残した当人たちが史料に書かれた内容を実見したケースはまずなく、そのほとんどがステレオタイプ、謬見《びゅうけん》、予断と偏見に基づいていた」(39)との結論に達する。

そのような史料を鵜《う》呑《の》みにし、史料に書かれた内容を検証することもなく世間に流布させたグレルマンは、少なからぬ多数派ヨーロッパ人のロマ民族に対する固定観念と、現在進行形でつづく偏見形成の責任を負わねばならないだろう。

ちなみに、グレルマンの恩師のひとり、ゲッティンゲン大学(一七三四年創立)教授アウグスト・ルードウィク・シュロェツァー(Schlözer August Ludwig, 1735-1809)は、ドイツ語圏内の年代記などに掲載された中世史料の収集を一七六〇年ごろから始めた。グレルマン著巻末に「付録」として載せられた七点の中世史料も、グレルマンが独自に発掘したものではなく、シュロェツァーがグレルマンに提供した可能性が高いと指摘されている(40)。

また、「グレルマン著所収のロマニ語語彙集は、すでに印刷された古い資料を寄せ集めただけのものであるため、（…）一次資料と見なすことはできない」（41）という言語学者による批判もある。

そもそも、グレルマンによる「ジプシー研究」の独自性が疑問視されている。グレルマン著『ジプシー』発行の一二年前の一七七一年、ゲッティンゲン大学教授クリスティアン・ヴィルヘルム・ブュットナー（Büttner Christian Wilhelm, 1716-1801）は全一五ページの『諸民族の文字比較表（*Vergleichungs-Tafeln der Schriftarten verschiedener Völker*）』を作成し、インド系言語と「ジプシー語」との類似性に着目した（42）。

そのブュットナー教授はグレルマンの恩師のひとりであった。学生当時のグレルマンは一七八二年の春、ブュットナー教授が暮らす家に引っ越した。そして、ブュットナーは自分が収集した語彙集をグレルマンに提供した。そのため、「ブュットナーが収集した言語学資料を基礎に、グレルマンはインド起源説を確立することができた」（43）といわれている。「グレルマンの作品が同時代を生きた人びとの知識を統合した内容だったことが、最近の研究によって裏付けられた」（44）との指摘もある。

また、「さまざま類書から多くのことを書き写したグレルマンは、その著作『ジプシー』を容易に書き上げることができたが、（…）同書は逸話的でどぎつい内容である」（45）との酷評もある。

グレルマン著『ジプシー』は、「ジプシー」についてすでに周知の情報を編纂したに過ぎず、彼独自の加筆部分はほとんどなかったといっても過言ではない。

さらにグレルマンは恩師ブュットナー教授の同僚たち、ゲッティンゲン大学の解剖学者で人類学者のヨーハン・フリードリヒ・ブルーメンバッハ（Blumenbach Johann Friedrich, 1752-1840）や歴史学者で人類学者でもあったクリストフ・マイナース（Meiners Christoph, 1747-1810）の影響も受けたとされる（46）。『人類史の概要（*Grundriß der Geschichte der Menschheit*）』（一七八五年）や『アフリカ黒人の本性（*Ueber die Natur der afrikanischen Neger*）』（一七九〇年）などを著したマイナースは、人間の優劣を確信する人種差別主義者であり、皮膚の色が薄いほど人間は優れているなどと主張し、人種区分の「カウカソイド（Kaukasoid）」＝「コーカサス系人種」という概念を提唱した。多数派ヨーロッパ人よりも皮膚の色が濃いインド発祥の「ジプシー」を、グレルマンが「改善の見込みもない劣等民族」と認識したとしても不思議でないだろう。

くわえるにグレルマンは、研究者としての最低限の倫理を欠いた人物だったとの指摘も多い。

「疑いもなくグレルマンは他者の業績から借用―むしろ剽窃―した。（…）当時、ロマニ語とインド系言語を比較した独創的で首尾一貫とした誠実性と洞察力があった唯一の研究者は、リュディガーである」（47）。

グレルマンはそのリュディガーの業績を参考にしたのにもかかわらず、その事実を黙殺しようとした。

（グレルマン著『ジプシー』の）「人類学的な部分は細部にわたって参考文献の逐語訳的な書き写しであったばかりか、その構成も結論も、つまりその全体が『ウィーン告知』掲載の記事に基づいていた」（48）。

その『ウィーン告知』を全号読んだと主張する研究者は、「グレルマン著の人類学的記述のおおよそ七五パーセントは『ウィーン告知』からの借用だったが、それらの記事は、ハンガリーとルーマニア中部スィーベンビュルゲン地方で暮らすジプシーに関する内容だった」（49）とする。ところが、グレルマンはそれがあたかもヨーロッパ全域の「ジプシー」に該当するかのような書き方をした。

5 啓蒙主義者リュディガー

「ジプシーの起源」という問題に真剣に取り組んだ最初の研究者は、一般的に知名度がさほど高くないリュディガーである。現在のロマ民族研究者たちは、リュディガーの業績をどう評価しているのだろうか。

「一七八二年、リュディガー論文『ジプシーの言語とそのインド起源について』が本に掲載されたが、ジプシーの起源の真の発見者が彼だったことは同論の題名からしても自明だろう。（…）その発見を一七七七年四月、ただちにサンクトペテルブルクのバクマイスター氏に伝えたと、リュディガー自身がその論文で書いている」(50)。

「リュディガーはロマニ語、つまりジプシーの言語とインド系言語との類似性を一七八二年に初めて科学的に証明した。その比較言語学的研究のみが先駆的だったわけでない。差別的もしくは夢想的な偏見も清算したので、今日読んでもリュディガーの作品は現代的であるばかりか、社会批判的でもある」(51)。

リュディガー論文をこのように高く評価するのは、トルコや旧ユーゴスラヴィアからウィーンへ移住したロマたちと一九五〇年代後半から接触したオーストリアのロマニ語研究の第一人者、ウィーン在住のロマたちから「ロマニ語の生き字引」と評されるモーゼス・ハインシンク（Heinschink Mozes）である。

「注目に値する未曾有の鋭敏さをもってリュディガーはそれまでの『ジプシー政策』を突っぱねね、反ジプシー主義的な偏見の解体にも尽力した最初の人物である」(52)と、ベルリン自由大学のウォルフガング・ウィッパーマン名誉教授もリュディガーを高く評価する。

また、リュディガーはロマ民族の「少数民族としての文化的独自性を全面的に認めた最初の研究者であり、（…）数百年もつづいた迫害政策を厳しく批判しつつ、『啓蒙時代を生きるわれわれはそのような現状を恥じねばならない』とも指摘した」(53)。

言語学的にロマ民族の故郷がインドであることを実証しただけでなく、「ジプシー」に対する当時の差別政策も痛烈に批判したリュディガーの評価は、ロマ民族研究者のあいだでこのようにすこぶる高い。

啓蒙主義者のリュディガーはその論文「ジプシーの言語とそのインド起源について」で、

「ジプシー政策が転倒した結末になった原因は、彼らの生き方と雲泥の差があるわれわれの世界観を強要したところにある」と指摘、「ジプシーは一貫して最下層の身分を構成させられ、惨めな生活という運命を背負わされた」が、「啓蒙時代を生きるわれわれはそのような現状を恥じねばならない。なぜならば、昔から根づいた民衆の憎悪以外、ジプシーに対するあらゆる侮蔑はまったく根拠を欠くからである」と主張するなど、その記述はすこぶる開明的で「親ジプシー的」だった。

そのリュディガー論文から、主要個所を抜粋して日本語訳にしよう。

6 「ジプシーの言語とそのインド起源について」からの抜粋

「現在われわれが目にするジプシーは彷徨《さまよ》える汚らしい占い師、惨めな物乞いやよこしまな詐欺師からなる統一性を欠いた怪しげな徒党のように映る。歴史上、取り上げるに相応しい対象であるのかどうかさえ、疑うべきなのかも知れない。ところが、ヨーロッパに到着した当初からそのような集団であったわけではない。世界史において、その時代の主役を演じたローマ人やサラセン人のような幸運に恵まれなかったものの、軽蔑の対象となる一風変わった奇妙な集団として世の中の注目を浴びてきた。（…）当時のジプシーたちは馬車を曳く輓獣や金銭を所持しており、それぞれの公爵に率いられた部族からなるまっとうな漂泊民族だった。ところが、しばらくするとほとんどの地域において、定住民とのあいだで抗争が持ち上がった」。

これがリュディガー論文の書き出し部文である。

次にリュディガーは太古のイスラエル人と「ジプシー」とを比較する。

「本論の研究対象であるジプシーはイスラエル人ほど幸運に恵まれなかったが、それでも神の民との対比をおこなうことは結論がそこへ帰するため意味がある。ジプシーがヨーロッパ大陸に到着した時期はちょうど野蛮から文明への移行期、封建制度の衰退期にあたり、ジプシーの侵入を防ぎ止めるには力不足だったが、厳格な法制度が施行されるようになった初期とも重なったので、ジプシーは排除されることになった。当時の政策は最終目標さえ定まっておらず、その政策は権力が未発達の政権によって施行された。結局、ジプシーの移動を食い止めることはできず、国によっては快く受け入れた地域もあれば、受け入れに対して抵抗があったところもあった。いずれにせよ、ジプシーの運命には大きな地域差があり、反目と平穏、実力行使と秩序のあいだを揺れ動いた」。

ヨーロッパ各地のほとんどの中世国家は「ジプシー追放令」を国是としたか、あるいは「ジプシー」の民族文化を未開なものとして排斥し、「同化」政策を施行しようと試みたが、その非人道性をリュディガーは徹底的に批判した。

「自らの民族法を厳守した生活をおくるよそ者は外敵と見なされ、けっして容認などされず、どこであろうとも追い払われ追放された。その結果、本来であればなりたくもないもの、あちらこちらを彷徨する強盗団、占い師や物乞い集団などになる以外の選択肢は残されなかった。ジプシー政策が転倒した結末になった原因は、彼らの生き方と雲泥の差があるわれわれの世界観を強要したところにある。われわれの恣意的な制度をすべての人間が共有しているわけでもないのに。またそれに絶対的な有効性があるわけでもないのに、それが省みられることはなかった。ジプシーの自主独立的な生活様式と、その原始共同体的な物品の取得は、国家権力に対する不服従と私的所有の侵害と受け止められた。そのような状況下、その肌の色にも増して彼らの性格はよりどす黒いものとして映った。すべての異教徒や異端者は、まともな審理も受けられないまま、非情な専制君主たちによって処罰され処刑された。発端からの対処法の誤りによって、あらゆる国家が恐ろしい犯罪行為に手を染め、恐ろしい内容の通達が連発され、罪もない難民だったジプシーは徹底的な迫害を被った。どこであろうと敵とみなされて追放され、法的保護を剥奪され、野獣のように駆り立てられ、罪人も無罪の者も同じように抹殺された。それでも飽き足らず、ジプシーの総体を泥棒や強盗の前科者とみなし、ほかの悪漢と同一視して、国民のさらなる憎悪を掻き立てるため全国くまなくジプシー絞首台が設置された。その外観のみから疑われ拘束された者は犯罪者と断定され、弱々しい女であっても無辜の子どもや幼児であっても、審査と罪状の立証のあとは容赦なく絞首台送りになった。それが妥当であるはずなのに、ジプシーに完全な市民権を与えた国家はいまだ存在せず、他民族と同等の平等権を付与した国もない。ジプシーは一貫して最下層の身分を構成させられ、惨めな生活という運命を背負わされている。いまだに残るそのような現状は現世とつじつまが合わず、啓蒙時代を生きるわれわれは、そのような現状を恥じねばならない。なぜならば、昔から根づいた民衆の憎悪以外、ジプシーに対するあらゆる侮蔑はまったく根拠を欠くからである」。

リュディガーが二百年以上も前に到達した認識に、いまだ達していない為政者、研究者や多数派国民が少なからずいる現状は憂えるべきだろう。

ロマ民族の起源を突き止めようとしたリュディガー以前の「研究者」たちは、「ツィゴイナー」のように「ツィ」ではじまるロマ民族の他称、それに類似する言葉や地域、同じ習慣を共有する民族を探し出し、「ジプシー」の起源を究明しようとした。その非科学的「方法論」も、リュディガーは批判の対象にした。

「主にその民族の呼称や風俗習慣が重視されたため、さまざまな誤謬に陥った。そのようなあいまいな根拠が、歴史研究に役立たないことは自明である。民族の呼称や地名は、たびたび偶然という要素によって形成されるうえ、時代とともに容易に変化を遂げ、その理解がそれを使う民族によってさえそれぞれの時代で異なる。特定の呼称の語源を調査する歴史家は迷路に入り込み、類似する呼称が複数ある場合、どの呼称の語源を調べていたのか自分自身でさえわからなくなってしまうとしても不思議でない。風俗習慣を調べても確実なことは判明しない。それも呼称と同様に偶然に規定され、時代とともに変遷を遂げるからだけでなく、区分の指標として無益だからである。なぜなら、それらは同じ発展段階にあるすべての民族に一致する場合が多々あるからだ。民族の呼称と風俗習慣を調査の出発点とした場合、呼称の類似性からそもそも同系でないものを同系だと思い込む可能性も高く、とりわけジプシー研究においてそれは残念な結果を招いた。

たがいに矛盾し合う雑多な意見が主張されたのは不思議でもない。もっとも、そのなかで信頼に値するような意見は皆無であり、混迷はますます深まるばかりだった。より解けなくなる結び目を開こうと努力する者はおらず、何人かはますます意固地になった。そして、ジプシーが独自の民族を形成することさえ完全に否定され、四方八方から寄り集まった盗人などのならず者集団がその起源であるとまで主張されるようになった」。

リュディガーはある民族の起源を探求しようとする場合、言語学的研究がもっとも信頼できるという結論に到達した。

「ジプシーの起源をその言語から探究する方法は、もっとも確実で同時に正当性がある。諸民族の区分指標として言語ほど確実、永続的、決定的で不変なものはほかにない。気候変動や中央文化の移り変わり、また混血による体型、風俗習慣や宗教が変化を遂げようとも、あるいは野蛮から近代へ移行しても、どれほど混血が進行しようと、根絶されずに痕跡を残すのは言語である」。

それを契機としてリュディガーは、「ジプシー語研究」を開始した。サンクトペテルブル

グのロシア科学アカデミーのドイツ人研究者、ハルトウィック・バクマイスターの求めに応じて、

「ある短文をジプシー女に頼んで彼女の母語に訳させた。短文の母語への翻訳を依頼したジプシー女も自分たちはエジプトでなくある島の出身だと語ったため、ジプシー語とさまざまな言語との比較をさらに深化させることにした」。

そして、その学術的成果はあった。

「自分自身でも驚いたが、シュルツェのヒンディー語文法書を参考にして、ジプシー語とヒンディー語との明確な類似性をようやく発見できたので、ジプシーの起源を東インドに求めざるを得なかった」。

『ヒンディー語文法書（*Grammatica Hindostanica*）』を一七四五年に著したベンジャミン・シュルツェ（Schultze Benjamin, 1689-1760）は、南インドで布教活動をしたドイツ人宣教師だった。

「情報を提供してくれたネーティィーヴ・スピーカーの女がすべてを記憶していなかったこと、また長期間を要した遠方からの放浪過程で言語の多くが失われたか、あるいは変更を余儀なくされただろうことを考慮に入れても、ジプシーとインド人とが基本的に同じ言語を使っていることは、疑問の余地を残すことなく裏づけられた」。

「ジプシー」の起源について論考を発表したほとんどの「研究者」は、自らが研究対象に選んだ民族当事者との直接的交流がなかったが、それを恐れなかったリュディガーは、当時のドイツにおけるその民族の自称も紹介した。

「ジプシーの皮膚色は黄色だが、その自称はカロ（kalo）、つまり黒い人である」。

ロマニ語でカロ（kalo）は「黒」を意味するが、ヒンディー語（インドの公用語）の「黒」はカラ（kāla）という。

リュディガーは全四八ページの論文の一二ページ、つまり四分の一ほどを割いて「ジプシー語語彙とヒンディー語語彙との比較」を行い、つぎの結論に達した。

「ジプシーの言語とインド人の言語が同一だと仮定しても、あながち間違いでないだろう。ジプシーとインド人とが同一民族に属するとの結論をそこから導き出すほかないが、それを通してジプシーの起源と全史も明らかにすることが可能になる。（…）ジプシーの由来は、太古からペルシアとインドの国境地帯で暮らした民族に求めるのが妥当である」。

これこそがロマ民族の起源をインドに求めた最初の学術論考であり、その執筆者はグレルマンではなく、啓蒙主義者のリュディガーだった。

「言語学を基礎にしたわたしの小論が、歴史研究者たちのジプシー史の探究をより容易で確実的なものとし、いくらかでも新発見に寄与できるのであれば、それに満足するばかりか、それを過分な報いと受け止める」という文章でリュディガーは論文「ジプシーの言語とそのインド起源について」を締めくくっている。

7　『ウィーン告知』

ハプスブルク帝国の首都ウィーンで、週刊あるいは隔週に発行された長たらしい誌名の雑誌、『帝国領土全域のこの上なく恵み深い特権ある告知（*Allergnädigst-privilegirte Anzeigen aus sämtlich-kaiserlich-königlichen Erbländern*）』の略称が『ウィーン告知』（『ウィーナ・アンツァイゲン〔*Wiener Anzeigen*〕』）である。

その『ウィーン告知』誌に一七七五年五月一七日から翌年五月一五日にかけてのほぼ一年間、「ハンガリー・ジプシーの現状、その風変わりな習慣と生活様式、ならびにその他の特質と事情（"Von dem heutigen Zustande, sonderbaren Sitten und Lebensart, wie auch von denen übrigen Eigenschaften und Umständen der Zigeuner in Ungarn"）」と題する記事が四一回掲載された。

それぞれの記事に小見出しもつけられており、その内容は「起源と祖国」六回、「生業」四回、「心身状態」と「傭兵」それぞれ三回、「言語」「性質」「宗教」「呼称」「音楽」「占いと魔術」「ジプシーを改心させる手法」それぞれ二回、「食品と料理」「住居」「家財道具」「服装」「外観」「手腕」「教育」「病気と死」などと幅広かった。ところが、その記事が無記名だったため、一九九〇年代半ばまでその著者名は不詳だった。

「ごく最近になって、その著者が（…）サムエル・アウグスティニ・アブ・ホルティス（…）

だったことが、オランダの研究者ヴィム・ヴィレムス《ママ》によって明らかにされた」（54）と、一九九五年発行のフレーザー著に記されている。

一七七六年五月一五日付の『ウィーン告知』連載記事最終号の下部に、小文字で〃ａｂＨ〃というイニシャルが印刷されていることにオランダの社会史研究者ウィム・ウィレムス（Willems Wim）が注目、その事実を明記した未発表の博士論文をフレーザーに提供したという（55）。

ウィレムスの博士論文は、一九九七年に『真のジプシーを探し求めて』という書名で英訳された。同著の注でもウィレムスは、「つい最近、ハンガリーの地元史料も参考にしたハンガリーの民族学者ヴィエラ・ウルバンコヴァ博士が（自分と）同じ結論に達した」（56）と記している。

もっとも、ウィレムスがそのことに気づいたのは、ヴィエラ・ウルバンコヴァがその史実を公表した三年もあとのことであり、「つい最近（recently）」という言葉がはたして適切なのか疑問が残る。

ウィレムス著発行の三年前、ハンガリーの民族学者ウルバンコヴァ（Urbancová Viera, 1929-2007）とその同僚エミリア・ホルヴァトヴァ（Horvathová Emilia）は、『ウィーン告知』掲載の「ハンガリーのジプシー」関連の連載記事の執筆者がサムエル・アウグスティニ・アブ・ホルティス（Augustini Sámuel ab Hortis, 1729-1792）だったことを実証し、その連載記事をハンガリー語とドイツ語の二言語で『サムエル・アウグスティニ・アブ・ホルティス著「ハンガリーのジプシー（一七七五年）」』として復刻した(57)。そして、グレルマン著『ジプシー』のかなりの部分がアウグスティニ記事の書き写しであり、章立てもアウグスティニのそれとほぼ同じであると指摘した(58)。また、同書の「あとがき」でエミリア・ホルヴァトヴァが、「最後の連載の下部に〝a b H〟の署名がある」ことをすでに指摘していた(59)。

つまり、ロマ研究者のあいだではほとんど無名のハンガリーの女性研究者ふたりが、『ウィーン告知』連載の「ハンガリーのジプシー」と題する連載記事の執筆者がスロヴキア生まれの在野の研究者、サムエル・アウグスティニ（アブ・ホルティスは貴族の称号）だったことを突き止め、グレルマン著が内容的にアウグスティニ記事と酷似していることを明らかにしたのである。いずれにせよ、『ウィーン告知』連載のアウグスティニ記事をウルバンコヴァが復刻版として公表した前段階に刊行されたロマ民族関連の研究書や論文から、アウグスティニの名を見出すことはできない。

『ウィーン告知』の連載記事でアウグスティニは、「インド語とジプシー語」の関連も示唆した。そのため、オーストリア・グラーツ大学のロマ民族関連データベース、ロムベース（ROMBASE）は、「インドとロマとの関連について最初に書いた人物は、『ハンガリーのジプシー』（一七七五年）を著したスロヴキアの学者サムエル・アウグスティニ・アブ・ホルティスだった」(60)とする。

その根拠は、一七七六年三月一三日のアウグスティニ記事に載ったハンガリーの軍人で歴史家でもあったセッケイ・サムエル・ヴォン・ドバ（Székely von Doba Samuel, 1704-1779）から一三年前に聞いたとする以下の報告である。

「一七六三年一一月六日、学識ある印刷業者シュテファン・パップ・ネメティー（Nemethi Stephan Pap）が我が家を訪れ、コマールノ町近辺のアルマシュ村で活動するカルヴァン派伝道師のシュテファン・ヴァーリ（Váli Stephan）から聞いた話として、次のことを語った。ヴァーリがライデン大学で学んでいたとき、インド南西部のマラバール出身の三人の留学生と知り合った。（…）彼らの言語がこのあたりのジプシーの言葉とかなり似ていることに気づいたヴァーリは、その機会を逃さず、彼らが使った一〇〇〇語を上回るマラバール語単語とその意味を書き止めた。（…）帰郷後、ヴァーリはそれらマラバール語単語の意味を再確認しようとした。何ら苦労することもなく、ジプシーたちがそれを翻訳した」(61)。

この記事は『ウィーン告知』にラテン語とドイツ語で載っており、そのラテン語記事がグレルマン著の二八一ページ、およびその英訳の一三二ページにも掲載されている。もっとも、グレルマンはアウグスティニ記事からの引用ではなく、「『帝国領土告知（*Anzeigen aus den K. K. Erbländer*）』第六巻の八七から八八ページ掲載の記事」(62)を引用したと主張する。『帝国領土告知』は『ウィーン告知』の別名である。

同史料をオーストリア国立図書館（請求番号：BE.7.P.49）で閲覧すると、グレルマンが引用したページに掲載されているのは、「ジプシーの言語について」という小見出しがある一七七六年三月一三日付けの『ウィーン告知』、つまり上記注（61）と同じ資料であることが判明する。ドイツ語記事が八五から八八ページに載っており、八七ページ右半分に、ドイツ語の八八ページにあるのと同内容のラテン語記事が載っている。つまり、アウグスティニが紹介した記事なのだが、アウグスティニ記事からの引用であることをグレルマンがなぜ、ひた隠しにしようとしたのかは不明というほかない。いずれにせよ、グレルマンは誠実性を欠いた人物だったようだ。

テキサス大学オースティン校の「ロマニ関係文書資料センター（Romani Archives and Documentation Center = RADOC）」所長で同校の名誉教授、言語学者で自らもロマ民族出身で、アメリカ合衆国のロマ人権運動の活動家でもあるイアン・ハンコック（Hancock Ian）は、「グレルマンは『ウィーナ・アンツァイゲン』誌掲載の記事から多くを引用したにもかかわらず、記事の執筆者の名を伏せている」（63）と批判する。だが、それらの記事が無記名だったため、グレルマンにとってもだれが執筆者なのか不明だったに違いない。

『ウィーン告知』掲載の上記注（61）の内容を検証しようと、ハンコックは一九九〇年にライデン大学で調査を開始し、二年後にインドのロマニ語研究所の所報『ロマ』にその関連論文を発表した。同論文によれば、ライデン大学の一八世紀後半の学生登録簿からシュテファン・ヴァーリやイスタヴァン・ヴァールィ（Vályi István）という名前は確認できなかったものの、ライデン大学の東方五五キロほどのところにあるユトレヒト大学に、シュテファヌス・ワァーリ（Waali Stephanus）という名のハンガリー人留学生が一七五三年に在学したことが史料的に裏づけられた。また、オランダの植民地だったセイロン（スリランカ）出身の留学生三人が、一七五〇年代にライデン大学で学んでいたことも確認できた。それら留学生たちとワァーリは、ライデンで接触したのではないかと推測するしかない（64）というのがハンコック論文の結論であり、注（61）の内容を史料的に裏づけることはできなかった。

いずれにせよ、疑う余地も残さず明白になったことは、「一七八三年発行のグレルマン著『ジプシー』の大部分が、アウグスティニ記事を基礎にした」（65）こと、そして「ジプシーについてのグレルマン著の詳細な青写真をアウグスティニ記事が提供した」（66）ことである。

8　倫理観も欠如したグレルマン

グレルマンは自著の「序論」で、リュディガーの一七八二年論文から猟奇的な一文のみを恣意的に、つまり改ざんして「引用」する。

「そのような話は伝承として残されているばかりでない。その惨めな生活に終止符を打つため、この哀れな民族の、とりわけ女たちは、自分を生きたまま埋葬させる」（67）。

「リュディガー論文四六ページ」からの引用とされているので、リュディガー論文の原文を確認する。

「伝承によれば約一〇〇年前、おそらく無辜で身寄りもない途方にくれた老齢のジプシー女が、わたくしの郷里の町へ越境し、せめて公開処刑の苦痛を免れたいと、絶望したあげく羊飼いに頼んで自分を生きたまま埋葬させた」（68）。

リュディガーが単数形・過去形で書いた文章をグレルマンは複数形・現在形に変更し、「生きたまま自分を埋葬させるジプシー女たち」の話を普遍化させようとした。不誠実なグレルマンは史実を歪曲することも躊躇せず、「ジプシー」に対するさまざまな偏見を流布させることに専念した、民族差別主義者だったと糾弾せざるを得ない。

自分に言語資料を提供したブュットナー教授の業績から引用することをグレルマンは避けているものの、「序言」でブュットナーに謝意を表明する(69)。

また、グレルマン著『ジプシー』の第二章第五節「ジプシーの起源は印度」では、ブュットナーとリュディガーのふたりについての言及もある。「偉大な言語専門家のブュットナーさん、その後継者のリュディガーさんも、独自の研究によってジプシー語が東インド系であることに気づいた」(70)。もっとも、ロマ民族の言語とインド系言語の関連性を最初に発見したのは自分自身であるとの主張を、グレルマンはあくまでも曲げようとしなかった(71)。

それればかりでない。先を越されてしまったリュディガーをグレルマンは敵視した。自分に経済的援助を惜しまなかったパトロンのワイマールの出版業者、フリードリヒ・ユスティン・ベルトゥーフ（Bertuch Friedrich Justin, 1747-1822）に、手書き三枚の書簡をグレルマンは一七八二年九月二二日付けで送った。

「リュディガーの書き物は私の研究を損なう内容です。（…）その無味乾燥な研究の一折半を割いて、リュディガーはジプシーの起源を一面的に、また不完全にしか証明できていません。六〇ほどのインド語系単語と同数のジプシー語単語とを比較し、その二言語の類似性のみからジプシーがインド起源であるとの結論を導き出しています。しかし、その二言語の語形変化なども同一性があるのかどうかを明らかにできていません」(72)。

この史料はウォルフガング・ゲーテ（Goethe Wolfgang, 1749-1832）やフリドリッヒ・シラー（Schiller Friedrich, 1759-1805）も暮らしたワイマールの〈ゲーテとシラー文書館（Goethe- und Schiller-Archiv）〉に保管されている。

また、出版業界の用語「一折半」とは、具体的に一二ページのことである(73)。

上述したようにグレルマンは先行研究を故意に無視したばかりか、それらの研究を剽窃もした不誠実で無礼な人物だったが、この史料もそのことを余すところなく裏づけている。なぜなら、リュディガー論文の「ジプシー語語彙とヒンディー語語彙の比較表」（原書六三〜七七ページ）は、「六〇ほどのインド語系単語と同数のジプシー語単語」よりもはるかに多くの語彙や文書を比較したからである。リュディガー論文のその「語彙比較表」は英訳（注（14）と注（101）のURL）があるので、それを確認していただければ、グレルマンの主張が事実と異なることが明白になる。

さらに、グレルマンは研究対象とした「ジプシー」を、自分と同等の人間と見なしておらず、非常におごった上から目線でこの少数民族について言及した。啓蒙時代を生きたグレルマン著『ジプシー』の第一章第一五節は「この民族を改心させる試み」と題するのだが、この節でグレルマンは「半人間（Halbmenschen）」という造語まで使っている。「神も道徳も知らずに底なしの悪癖と未開に沈み込んだままの半人間として、誤った道を歩みつづけるジプシーをその塵芥《じんかい》から導き出し、役立つ市民に改良する試みもあった」（74）。しかし、そのような試みは徒労に終わるとグレルマンは断定しているので、その面からも彼を「啓蒙主義者」と評するのは相当の無理があろう。もっとも、「ジプシーを役立つ市民にするには、移動を禁止して定住民に改造しなければならない」（75）との「啓蒙主義者」らしい論も、グレルマンは同時に唱えている。

9　「ジプシー」の祖先は賤民だったのか

グレルマン著『ジプシー』の第二章「ジプシーの起源」の第六節が終章にあたるが、「下層賤民カーストの出身」が節の題名である。ロマ民族の祖先はインドのカースト制度の最下層賤民の「シュードラ（sūdra）」というのが、グレルマンの到達した結論だった（76）。もっとも、それを裏づける説得力のある論が展開されているわけではまったくない。

それにもかかわらず、その論は世界各地の少なからぬ論者たちに受け入れられ、引き継がれ、反復されている。「インドを出立していった原ジプシーの民も、カースト制の呪縛に縛られていたはずであり、下位のカーストかアウト・カースト（不可触民）だったことはほぼ間違いない」（77）との憶測を市川捷護は唱える。やはり、グレルマン著『ジプシー』は、世界各地の後世の人びとの「ジプシー像」形成にも多大な影響をおよぼしつづけているといわねばならない。

初版が一九六〇年に刊行され、数度の重版を重ね、本書でも参考した『ジプシー語大辞典』の著者、言語学者のウォルフは、グレルマン著『ジプシー』の諸問題点を以下のように要約している。

「独自の研究をグレルマンは一貫して放棄した。はっきり言えば、その作品は彼にとって入手可能だったジプシー関連の史料を読みやすくまとめて編集したものである。グレルマンは無批判的で無節操であり、史料を吟味することもなく、ただそれを書き写した。その著作の広範な普及と長期にわたる継続的影響力によって、歪曲したジプシー像の固定化にグレルマンの作品は著しく寄与した。グレルマンのいくつもの誤謬と事実誤認は、現在にいたってもなお反復されている」(78)。

ウォルフにとってグレルマン著『ジプシー』は批判の対象でしかないのだが、反対にリュディガー論文をウォルフは「先駆的な業績」(79)と高く評価する。

リュディガーの半世紀後、ハレ大学の教授に就任した言語学者のアウグスト・フリードリヒ・ポット(Pott August Friedrich, 1802-1887)は、『ヨーロッパとアジアのジプシー』全二巻を一八四四年とその翌年に著したが、同書第一巻で「グレルマンが到達した結論は、リュディガーが情報源だった」(80)と指摘する。

さまざまな方言があるロマニ語の起源が、インド系言語(ヒンディー語)であることを明確なかたちで最初に実証した研究者は、一七九四年からゲッティンゲン大学教授に就任し、一七八七年刊の『ジプシー』増補改訂版の序文でも「自分自身がジプシーのインド起源を最初に突き止めた」（81）と主張する不誠実なグレルマンではなく、一七九一年からハレ大学教授に就任した比較言語学者、リュディガーをおいてほかにいない。

イタリア北部のボローニアを経由してローマを目指していた二〇〇人ほどの「ジプシー」の一団が、フォルリの街を通過したとき、「彼らはインドから来たと数名が語った」と記された史料がある（82）。フォルリ生まれの修道士ジロラモ・フィオッキ（Fiocchi Girolamo, 1348-1437）が編纂した『修道士ヒロニムスのフォルリ年代記（*Chronicon fratris Hieronymi de Forlivio*）』の一四二二年八月七日に関する記録である。もっとも、そう語った「数名」がロマ自身だったのか、それともフォルリ市民だったのか、それがその史料からはどうしても判然としないうえ、「インド」という語が具体的にアジア南部のインドを指すのかどうかも不明である。よって、その史料が「ジプシー」のインド起源を裏づける文献資料になるとは考えない。

いずれにせよ、「ジプシー」の故郷は、長期にわたって多数派ヨーロッパ人にとって大きな謎でありつづけた。比較言語学という学問を駆使し、その疑問を最初に解決したのが、国家権力による「ジプシー」差別政策も痛烈に批判した啓蒙主義者のリュディガーであった。

第二章　「ジプシー」／ロマ民族の起源をめぐる論争

1　中世史料に明記された「ジプシー」の自称

ウォルフガング・イェーガー（Jäger Wolfgang, 1734-1795）が一七八四年に編纂した『地理学・歴史学・統計学・新聞事典』第二部の「ツィゴイナー」という項目に、「言語にもその痕跡がはっきりと残っているため、ジプシーをインド出身とするのがもっとも確実である」という記述がある。さらに、「もともとは、蔑視された部族シュードラに属するインド人だった」とも書かれているので、前年発行のグレルマン著『ジプシー』が参考にされた可能性が濃厚だろう。

「ジプシー」の自称を明記したより古い史料が未見であるため、「自らの言語でロマ（Roma）、男性はロム（Rom）、女性はロムニ（Romni）を自称する」（83）と、「ジプシー」総体の自称をはじめて紹介したのも、中央ヨーロッパ諸国内ではこのイェーガー事典であった可能性があろう。

一七八四年夏、四〇人を上回る「ジプシー」がドイツ北部プロイセン王国のケーニグスベルク刑務所に収監されており、その首領をクリストフ・アーダム（Adam Christoph）といった（84）。同じ街のケーニグスベルク大学の著名な哲学者イマヌエル・カント（Kant Immanuel, 1724-1804）の同僚、クリスティアン・ヤーコブ・クラウス（Kraus Jakob Christian, 1753-1807）は、一七八四年ごろから「ジプシー研究」に取り組み、以下のような「研究計画書」までまとめていたが、接した体験もない「ジプシー」をクラウスは未開人と断定した。

「ジプシーの言語はヨーロッパ諸言語との接点がなく、祖語の性質を帯びている。なぜなら、その言語はとても質素だからだ。その言語を研究すれば、言語そのものの本性についての見識を導き出すことも可能になろう。その言語を採り出すことが、あのよそ者たちの由来と祖国を究明する唯一の手段である」（85）。

クラウスは伝道師のクリスティアン・ゴットフリート・ツィッペル（Zippel Gottfried Christian, 1767-1815）とともに刑務所に収監中のロマたちを尋問し、言語学的調査を実施した（86）。ところがその後、クラウスやツィッペルのふたりがロマの言語についての研究成果を発表したことなど、一度たりともない。

もっとも、おもにクラウスとツィッペルの調査資料を活用した「ジプシーについて――とりわけプロイセン王国において」と題する九〇ページほどの雑誌論文が九年後に公表された。その論文も、ドイツ語圏内でロマ民族総体の自称を紹介した早い例に属する。

執筆者はバルト海に臨むドイツ北部リューベックの、ヨーハン・エーリッヒ・ビースター（Biester Johann Erich, 1749-1816）という牧師だった。ビースター自身もその発起人のひとりだった啓蒙雑誌『月刊ベルリン』（一七八三年創刊）の、一七九三年二月号（一〇八～一六五ページ）と四月号（三六〇～三九三ページ）に分割してその論文は掲載されたが、後半の論文は「その言語」という副題がつけられており、ロマ民族のインド起源説が支持されている。

「特定の民族が自らをどう呼ぶのか、それは歴史学や語源学の研究において重要である。さて、ジプシーの自称は何というのだろうか？　直接ジプシーから聞いた話によれば、その複数形はロマ（Roma）ないしはロッマ（Romma）、単数形がロム（Rom）とのことである。ロムニ（Romni）が妻、または女性そのもの。その事実をグレルマン氏がその著作でなぜ誤認と断定したのか、理解に苦しむところである」（87）。

ビースター記事の四月分にそう記されているが、そこで批判的に指摘されたような記述が、グレルマン著『ジプシー』の三二〇～三二一ページに確かに含まれている。

なお、ロマ民族の自称についての情報をクラウスとツィッペルに提供したのは、刑務所に収監された「ジプシー」の首領、クリストフ・アーダムだった。

さらにビースターは、二月分で「グレルマン氏が実際にジプシーを見たのかどうかさえ疑わしく、少なくとも観察して調査したことはないと思われる」(88)とも書いている。グレルマン著『ジプシー』を批判的に検討したもっとも早い例が、このビースター論文だろう。ビースター論文は「ジプシーに関するグレルマン氏の貴重な本は、まだ幾多の加筆といくつかの訂正を要する」との書き出しではじまる(89)。

ロマ民族の自称を紹介した早い例に属するビースター論文に、「スィンティ」の語は登場しない。スィンティの語源はパキスタン南部のスィンド州(Sindh)、またはインダス川の別名スィンドゥ川(Sinduh)との説がある(90)。「われわれスィンティはスィンド地域の発祥」(91)と信じるスィンティ当事者もおり、それはスィンティ社会の伝承であるようだ。

『ジプシー世界年代記』の著者ギルゼンバッハは「スィンティ」の初見を探し求め、オランダのデン・ハーグの一五三三年五月二九日の史料を紹介した。

「エジプト人を称する八人が国内を放浪したため、皇帝発布の条令に違反したとして逮捕され、国外追放処分になった」。

同史料には逮捕者八人の名前も明記されていたが、そのひとりは「パウウェルズ・スィンテ（Sinte Pouwels）」という名前だった。ギルゼンバッハは「これがスィンティの初見である」と断定した（92）。

だが、それは誤認だろう。なぜなら、イギリスの言語学者ヤロン・マトラスは、「スィンティという語がインド起源である可能性はなく、それはドイツ語からの借用語である。もともとカロを自称したドイツ居住のロマ民族構成員は、一八世紀末期か一九世紀初頭ごろからスィンティを自称するようになった」（93）とするからである。

「リュディガーのような熱心な研究者でさえ、ロマの一般的自称がスィンティだったことを知らなかったようで、ジプシーの自称をカロとした」（94）と、ロシアのレヴ・チェレンコヴ（Tcherenkov Lev, 1936-2016）とスイスのステファン・レーダリッヒ（Laederich Stéphane）というロマ民族の研究をするふたりの言語学者はリュディガーを批判するが、それは見当違いの批判である。

先述のように、ロマ民族の自称はかなり早い段階から判明していた。それにもかかわらず、「ジプシー」（英語圏など）やそれと同類の「ツィゴイナー」（ドイツ語圏）、「ジタン」（フランス語圏)、「ヒターノ」(スペイン語圏)など、比喩的に「悪の代名詞」としても使われるため、当事者の圧倒的多数が不快語と拒絶するロマ民族の他称の使用は、いまだ完全に消滅しておらず、そのような用語を故意に使う論者もいる。当事者が暮らしていない日本でもしかりである。

「ジプシー」などさまざまな他称で呼ばれる人びとを研究対象とする、異なる類型に属するふたつのグループの研究者がいる。世界各地で差別と排斥の対象でありつづけ、ロマを自称する少数民族の人権獲得と差別撤廃を重要な課題と位置づける「ロマ民族研究者」と、「ジプシー」などの他称を使いつづけ、「雑多な非定住・移動生活者集団の集合体」が「ジプシー」の起源だと唱え、その延長線で「ジプシー」のインド起源を否定する「ジプシー研究者」である。後者を、インド起源否定論者と命名する。

2 代表的なインド起源否定論者

一八世紀後半以来、ドイツのリュディガーをはじめとしてイギリスやロシアの言語学者が、それぞれ独立してロマ民族のインド起源を立証した。ロマの民族語である「ロマニ」がインド起源であることは再三にわたり立証されてきたが、なかでもロマニとサンスクリット、ヒンディー語との密接な関係が指摘されてきた。(…) ロマニとサンスクリットとの語形的類似性はあまりに明白であり、この両言語の関連性は、言語学的研究においてはもはや否定し得ない結論」(95) である。それればかりか、その事実は比較言語学以外にも、遺伝学 (DNA調査) によっても立証されている。

にもかかわらず、「ジプシー」のインド起源に懐疑的で、ロマ民族のエスニスィティ (民族性) そのものまでも否定し、少数民族構成員の大多数が嫌悪する「ジプシー」などの他称を使いつづける研究者が存在することもまた事実である。そのような研究者数名が唱える主張を、ベルギー・ルーヴェン大学 (一四二五年設立) のピーター・フェルメールルシュ教授がうまくまとめている。

「インド語との言語的関係は、必ずしもそれを使う集団のインド起源を裏づけないとオークリーは提示し、(…) ロマを離散した民族と捉える通説の基礎は一八世紀にはじまり、二〇世紀に流布した意図的な作り話だとウィレムスは主張、(…)『ジプシー』という語にはいかなる民族的意味もなく、非定住生活様式を共有する集団に適応された言葉だとルカッセンは論ずる」(96)。

フェルメールシュが言及する三人の研究者、イギリス・オクスフォード大学の人類学者ジュディス・オークリー（Okely Judith）、オランダ・ライデン大学の社会史研究者レオ・ルカッセン（Lucassen Leo）とその同僚ウィム・ウィレムスは、「ジプシー」などの他称を使いつづけるだけでなく、すべての非定住・移動生活者を「ジプシー」に包括し、ロマ民族のインド起源を否定する論を唱えるヨーロッパでの急先鋒である。その三人の作品からいくらか引用しよう。

史実よりも一世紀ほど遅れではあるものの、「一九世紀までには、伝播論という考え方が出てきたのと、ジプシーが主として自分たちのなかだけで使う方言、つまり秘密の言語の研究が進んだおかげで、インド起源の説が出てきた」と主張するオークリーは、「ジプシー学者たちは、言語と『人種』を同じだと思っている」、しかし「『真』のジプシー、つまり流浪生活者のすべてが、ほとんど一〇〇〇年も前のインドのある特定のグループの、家系上の子孫であるということにはならない」(97) と主張する。

「『真』のジプシー」や「秘密の言語」などの用語を使ったオークリーの主張は、ヨーロッパ諸国や北アメリカ大陸のロマ民族研究者によって痛烈に批判された。オークリー著を「理論的にも実証的にもすぐれたジプシー研究書で（…）私はこの本から多くの貴重なことを学んだ」(98) と当初は高く評価した日本の「ジプシー研究者」相沢好則も、のちにオークリーを批判する側に転じた。「オークリーはイギリス諸島にいる真のジプシーのインド起源説に反対するのに、それは文化伝播説に基づいているからだという。（…）ロマニ語とサンスクリットとの関係に関する説は、一般に承認されている。だが、この通説に対するオークリーの理論的な論破は、ここではなされていない。（…）ジプシー・インド起源説一般を、一般的に否定することにはむりがある」(99)。このように相沢はオークリー説を切り捨てたが、それはむしろ当然だろう。

「ジプシー」を「流浪生活者」と同一視し、その「ジプシー」が「秘密の言語」を使っているとするオークリーの理解が、そもそも誤謬《ごびゅう》だからである。「流浪生活者」は「ジプシー」の同義語ではないうえ、「ジプシー」は「秘密の言語」などではなく、独自の言語、民族語のロマニ語を使っている。

ライデン大学（一五七五年創設）の「ジプシー研究グループ」の代表格であるウィレムスは、オランダ語で「ツィゴイナー史」関連の博士論文を一九九五年に同大学へ提出、その博士論文を基礎にして、二年後に英訳されたのが彼の代表作、『真のジプシーを探し求めて』である。

ルカッセンも同じく「ツィゴイナー史」関連のオランダ語の博士論文を一九九〇年にライデン大学へ提出し、同論に基づくドイツ語訳本『ツィゴイナー　ドイツでの警察による分類用語の歴史』が一九九六年に発行された。両名の「ジプシー理解」を知るため、まずはウィレムス、つぎにルカッセンの作品から引用する。

「最新の論文（一九九五年発表＝引用者注）でイギリスの言語学者アンソニー・グラント（Grant Anthony, 1929-2001）は、『グレルマンが二世紀以上も前に指摘したとおり、ロマの歴史はその言語から探究されねばならない』という一般的には受け入れやすいだろうが、とても野心的な結論に到達した。いまだにこのような突破口が容認されているのは残念である。なぜなら、このような研究手法に依存した結果、ヨーロッパのジプシー諸集団の歴史研究は、すでに二〇〇年以上も深刻な停滞状態にあるからだ。ある人間集団の起源を証明する手段として言語学的研究を採用したことによって、多くの憶測が生み出された。特定の国家が起源国として確定した結果、歴史学的観点から興味深い複数の疑問点、たとえば、いわゆるジプシーがなぜインド中部か北西部、あるいは世界のどこかほかの地域から立ち去ったのか、それに学者たちはじゅうぶんに答えることができないでいる。（…）ジプシーたちの歴史再構成に直接的な影響をおよぼすそのような疑問点に、言語学者たちが決定的な回答を提示できると考えるのも不可能である。また、なぜ特定の人びとがジプシーと断定されたのか、それに答えるためにも言語という尺度はまったく役に立たない」(100)。

ロマ民族の起源を探求しようとする研究は、民族語の研究をないがしろにすべきでないと考える。それを実践した比較言語学者のリュディガーはロマニ語とヒンディー語との類似性に気づき、両言語を比較研究した結果、「ジプシー」の祖国がインドであることを一七七七年四月の段階で突き止めた(101)。ところが、「ジプシー史研究」にとって言語学的研究は無用とまでウィレムスは言い放つ。

「ジプシー学で一般的に承認されているように、ジプシー概念を単純に均質な民族的カテゴリーと把握することはできない。他者によって創造されたその概念は、時代の変遷とともに雑多な集団を包括するようになった。(…)個別の民族としてジプシーを理解することも問題である。旧体制においてジプシーという概念はとても漠然としたものであり、雑多な(犯罪的とみなされた)放浪者集団の呼称として使われたことを、近年の犯罪史学は突き止めた。(…)一八世紀のジプシー概念にはふたつの意味があった。一方で雑多な放浪者集団の呼称として使われ、他方で別個の(民族的な?)集団と理解された」(102)。

そのようにルカッセンは主張する。つまり、「ジプシー」という概念は国家機関、とりわけ官憲によって創造されたもので、犯罪者集団として危険視されたさまざまな非定住・移動生活者を内包したという。

「古い考え方と新しい観点」との副題がある世界各地の『移動史』に関する論文集の編者でもあるルカッセンは、同書所収論文「永遠の放浪者？」においても「ジプシー」、「ジプシー風放浪者（偽装ジプシー）」、ポーランドから西欧諸国へ移住したいわゆる「東方ユダヤ人」、およびさまざまな「ほかの放浪者」すべてを同じカテゴリーに包括し、「その範疇《はんちゅう》に含まれた一部の者は事実上、組織犯罪に積極的にかかわった」（103）などと主張する。

このルカッセン説は、犯罪者集団として危険視されたあらゆる非定住・移動生活者集団を「ジプシー」視し、「ジプシー」などの他称で呼ばれた人びと、総称としてロマを自称する集団の民族性を全面的に否定する論であるが、なによりも「ジプシー」のインド起源説の真っ向からの否定論にほかならない。

ロマ民族のインド起源否定論に対して、ロマ民族研究者は当然ながら反論する。「二つの別個な実在をジプシーと捉える」オークリー、ルカッセンやウィレムスとその同調者をもっとも痛烈に批判するのが、マンチェスター大学言語学研究所の所長、ロマニ語研究が専門の言語学者ヤロン・マトラスである。

それら論者の説をマトラスは「ジプシー1」と「ジプシー2」に区分して考察する。「その起源や言語と無関係に移動生活をする、または営利目的の移動をする者たち」が「ジプシー1」で、「ロマニ語を使う民族の諸集団」が「ジプシー2」である。インド起源否定論者は「ジプシー1」と「ジプシー2」を区分しない。つまり、ありとあらゆる非定住・移動生活者を「ジプシー」に包括する。

ところが、「ロマニ語やインド系言語と、アイルランドのティンカーの歴史や起源はまったく無関係であり、ドイツやスイスのイェニシェも間接的な関係しか有しない」とマトラスは指摘する。ティンカー（Tinker）もイェニシェ（Jenische）もかつての移動生活者集団である。

ロマ民族のインド起源説を否定する「オークリー、最近はルカッセンやウィレムスは、『ジプシー1』とインド起源の『ジプシー2』を区分せず、後者は門外漢によって創造された社会的構造物に過ぎないと主張する」(104)。

「ロマニ語がインド起源であることをリュディガーが最初に実証し、彼の論文はグレルマンをも含むほかの研究者たちに先行した。(…) その事実をウィレムスなどのインド起源否定論者は無視する」(105)、ともマトラスは批判する。

グリニッジ大学名誉教授でロマ人権運動やロマ難民の救援活動にも関与する実践的ロマ民族研究者、トーマス・アクトンによるインド起源否定論者に対する痛烈な批判も紹介しよう。「言語学的見地の徹底した無知と、その無視こそがオランダの歴史家たちのアキレス腱である」と批判するアクトンは、「ヨーロッパでのジプシー対応の最たる異常事態は、ジプシーに独自の言語があることが二世紀にもわたって無視されつづけられたこと」であるとまず指摘する。

そして、「オランダ人と同じくロマは少なくとも実在する」と皮肉り、その批判の矛先をウィレムスの代表作『真のジプシーを探し求めて』に向ける。

「自らの博士論文を基にしたウィレムス著は、ジプシーがインド起源であるという承認された学術的見識に反して、それらの人びとはグレルマンによって創造されたと示唆する（一七八七年に増補改訂版、初版は一七八三年）。（…）ジプシー描写の進展をウィレムスはグレルマンからジョージ・ボローとジプシー伝承協会へ、そしてそこからさらにナチスによるジプシー大量虐殺の中心的イデオローグのロベルト・リッターへと繋げていく。（…）ヨーロッパ大陸におけるジプシー研究者による人種差別主義思想を、ウィレムスはグレルマンからリッターまで一直線に描こうと試みた」(106)。

ウィレムスが「ジプシーはグレルマンによって創造されたと示唆する」ことをアクトンは批判するが、ウィレムス著『真のジプシーを探し求めて』の「結語」を読み、アクトンはそう確信したに違いない。その「結語」から引用する。

「それ以前には存在しなかったジプシー・アイデンティティをグレルマンが創造したということに本研究書の読者諸氏が納得してくださるよう、私は努めた。(…)たがいに親族関係で結ばれ、他者に寄生しながら移動生活をする外国出身の未開人というイメージを彼は創造した。それらの人びとは異なる地域で違った名称で呼ばれただろうが、それらすべての人びとにグレルマンはジプシーというレッテルを貼った。そうすることによって、共通の民族学的輪郭を持つひとつの民族を作り上げたのである」(107)。

先に紹介したルカッセン説と同様に、このウィレムス説も「ジプシー」のインド起源完全否定論である。それにもかかわらず、「ヴィ《（ママ）》レムスやルカッセン兄弟らに代表されるオランダの社会人類学者と歴史学者のグループ」(108)を参考にしたと明かす日本の研究者が登場した。

オランダの社会史研究者ルカッセンとウィレムスやイギリスの社会人類学者オークリー、またその同調者たちは「ジプシー」が独自の文化を持つ少数民族であることを認めようとせず、出自の異なる雑多な非定住民の総体を「ジプシー」という言葉に包括する。その観点こそが、インド起源否定論者たちのつまずきの原点だと考える。つまり、一五世紀前半からヨーロッパで唱えられた「雑多な民族の混合体」論を、「新説」と称して蒸し返しているだけのことである。

とりわけ一九七〇年代から八〇年代にかけて、ロマ民族が実在するヨーロッパ諸国において、当事者自身による複数の反差別・人権獲得運動体が結成された。ロマ民族研究者のみならず、当事者自身によるそれらの運動体の活動家もインド起源否定論者に異議申し立てをした結果、それらの論者による出版活動は二一世紀に入って下火になった。だが、当事者が暮らしておらず、そのために反差別を唱える運動体も存在せず、「ジプシー」に関する知識を持ち合わせている一般国民が多いとはいえない日本へも、インド起源否定論が同時期から飛び火した。そして、数名の日本人研究者によって、ヨーロッパのインド起源否定論者の説が反復され、「雑多な移動生活者集団の集合体」が「ジプシー」の起源であり、インド起源説は否定されるべきものとの論の浸透が謀られている。

3　日本へも上陸したインド起源否定論

「ジプシーが独自の民族を形成することさえ完全に否定され、四方八方から寄り集まった盗人などのならず者集団がその起源であるとまで主張されるようになった」（109）と、雑多な社会的脱落者の集合体が「ジプシー」の起源であるとの説を、リュディガーは二四〇年近くも前に批判した。ところが、そのような説を「新説」だと称して反復する数名のヨーロッパの研究者が一九八〇年代から登場したことは、上記の通りである。

その説に対して、「いまだに試論の域を出ない」（110）と、もともとは冷静な判断をくだした日本の研究者も、フランスの社会学者ニコル・マルティネスの著作を日本語訳にしてから考え方を抜本的に変えたようである。

マルティネス著の日本語訳『ジプシー〔新版〕』は、日本の中心的「ジプシー研究者」水《みず》谷驍《たにたけし》と左《さ》地《ち》亮子《りょうこ》による共訳である。その両名をいくらか紹介しよう。

「ジプシーの問題に目が向いたのは、（…）一九九六年秋のこと」と記憶する一九四二年生まれの水谷は、「日本語で読めるジプシー関連の本を手当たりしだいに読んでみた」結果、「日本におけるジプシー研究―研究といえるかどうか―の現状もまたじつにお寒いかぎり」（111）

と感じ、救世主のごとく自ら「ジプシー史研究」に乗り出した。

国内の先行研究者たち、新居格《にいいたる》（1888-1951）、木内信敬《きうちのぶゆき》（1917-1997）、相沢好則《あいざわよしのり》（1915-2005）や、小川悟《おがわさとる》（1930-2005）の各氏に対してこのような厳しい評価をくだす水谷だが、欧米の研究者が書いたことであれば、検証もないまま、機械的に日本語訳にする（24）。

もう一方の左地は、大学院生としてフランスへ留学したころから「ジプシー」に関心を抱くようになり、反差別国際運動日本委員会（一九八八年設立）の「ロマプロジェクトチーム」メンバーとして冊子『「ロマ」を知っていますか』の翻訳作業に協力した。当時の左地は「スインティ（Sinti）」表記（112）を使ったが、二〇〇二年に水谷が立ち上げた「ジプシー／ロマ懇話会」のメンバーになってから、一九八〇年生まれの若い左地も、水谷同様に「シンティ」という老人的表記法に転じた。現在、社会人類学者の左地は、東洋大学社会学部准教授であり、専門分野は「ジプシー／ロマ研究」と大学のホームページで詳細されている。

『ジプシー［新版］』の「訳者あとがき」で水谷は、「ジプシー」のインド起源説を支持する図書は「もはや時代遅れ」と断定し、「新版を出してはどうかという訳者の提案を（…）編集部は快諾された」という（113）。

「時代遅れ」と水谷が決めつける旧版『ジプシー』は、本書注（2）のジュール・ブロック著である。「インド語の語彙の大部分が、ヨーロッパとアジアの両方のジプシーの間で共通で、（…）ジプシー語とその使用者を探究するのは、インドにおいてでなければならない」(114)と、インド語専攻の言語学者ブロックは「ジプシー」のインド起源論者である。

さらに、訳者による「解題」で水谷は、「ジプシーとおぼしき人間集団が言及されるようになった一五世紀から一六世紀にかけてのヨーロッパ社会は、中世から近世への歴史的移行期にあたり、崩壊しつつある旧体制から放出された膨大な数の流民層・貧民層が重大な社会問題となっていた。こうした歴史的文脈のなかで登場したのが『ジプシー』だった」(115)と、社会的脱落者の集合体が「ジプシー」の起源であるとほのめかす論を展開した。

ロマ民族のインド起源を疑問視し、ロマ民族のエスニスィティ否定を試み、当事者が嫌う他称を使う点において、オークリー、ルカッセンやウィレムスなどが唱える説にこの水谷説も直結する。

『ジプシー［新版］』原書の著者マルティネスは一九三〇年生まれ、原書の発行年は八六年、もっとも同書の記述内容は八〇年代初期で終わっている。同書の日本語訳書が発表されたのは原書発行の二一年もあとのことなので、その訳書こそが完全に「時代遅れ」の誹《そし》りを免れない。

一九八〇年代末期から一九九〇年代末期にかけてのほぼ一〇年間、ヨーロッパ諸国は大きな政治変動を体験した。ソビエト社会主義共和国連邦衛星圏の東欧諸国とソ連そのものの「社会主義体制」が、八九年から九一年にかけて崩壊した。九一年から九九年までつづいた内戦によって、ユーゴスラヴィア連邦人民共和国は解体、六つの共和国が独立した。九三年の欧州統合によってフランスをも含むヨーロッパ連合（ＥＵ）の加盟国は抜本的な構造改革に投げ込まれ、今まで体験したこともないような大きな社会変動を遂げた。

東欧諸国の新体制への移行と欧州統合は、ロマ社会にも多大な影響を及ぼした。新体制移行後も、生活改善がいっさいなかった東欧諸国市民は、その怒りを為政者ではなく社会的弱者に向けた。そして、ロマ民族構成員に対する殺傷事件も含む、暴力と迫害が再発した。その結果、東欧諸国から西欧諸国やアメリカ大陸を目指して、ロマによる大量移住が一九九〇年ごろからはじまった。また、ユーゴスラヴィア紛争は旧ユーゴスラヴィアのロマを難民化させた結果、西欧諸国のロマ人口が急増した。だが、それらのことについての言及は、それ以前の発行であるマルティネス著にはもちろんない。

また、マルティネス著の論及対象は、「ジプシー」「放浪民」「遊動民」とその定義もあいまいな三類型の「移動生活者」であり、ほかのインド起源否定論者と同じ初歩的誤りが繰り返されている。

そして、マルティネス著の最大の問題点とその非科学性は、二三〇年以上も前に刊行されたグレルマン著『ジプシー』と同じく、「近親結婚」「早婚」「売春」「中毒症」「知的障害」「精神的退行性」「非衛生」「高犯罪率」「無気力」等々の否定的な側面ばかりを「ジプシー社会」の特徴として列挙し、あげくのはてに、「ジプシーに対する拒絶の態度の本質的な理由は、彼らの社会的行動と外見に由来する。つまり、彼らは盗む、遊動する、肌が黒い」(116)との結論に結びつける。このような「民族差別的」憎悪に満ちた「ジプシー」に対する見解を、学者による客観的判断と捉えることができるだろうか。

日本人読者の「ジプシー」に対する差別感を煽《あお》り、増幅させかねないと危惧せざるを得ないような内容の「ジプシー本」を、二人の「ジプシー研究者」がなぜわざわざ日本語訳にしたのか、首を傾げるしかない。

「フランスでは、『ロマ』はジプシーの総称ではなくそのなかの一つの下位集団および外国籍ロマ移民を指し、外国籍のロマとフランス国籍のジプシーを総じて呼ぶ場合には、フランス語の『ツィガン』や『ジタン』という名称が用いられる。ツィガンもジタンも『ジプシー』を表す言葉だが、フランスでは蔑称とはされておらず、一般社会に加え、ジプシー自身によっても総称として使用されている」(117)と、マルティネス著訳者の左地は主張する。

パリで一九六五年に結成された「国際ツィガン委員会(Comité International Tzigane)」が、

一九七一年四月に開催された第一回〈国際ロマ会議〉以降、組織名を「国際ロム委員会（Comité International Rom）」に変更（118）した事実を左地は見落としたようであり、研究不足を指摘せざるを得ない。

もう一方の訳者水谷も、「自称は尊重されるべきである。とはいえ、『ロマ』とはジプシーとされてきた人間集団の一部が使う自称の一つにすぎず、（…）総称としてはジプシーの語を使用するのが適切である」（119）と主張する。

「ツィガン」や「ジタン」、あるいは「ジプシー」や「ツィゴイナー」などの他称は、当事者の大多数が忌み嫌う不快語であり、ロマ民族研究者はそのような用語を用いない。引用などでそれらの用語を使う場合はカッコつきにする。

あらゆる少数民族の呼称について決定権があるのはその集団の構成員自身であり、部外者の研究者などではないだろう。ロマ民族は自らの判断で自民族の総称として「ロマ」を使うことを決定した。それが再確認されたのは一九七一年開催の第一回〈国際ロマ会議〉だったが、先述のように「ロマ」という自称が明記された一八世紀の史料も存在する（83）（87）。

侵された人権の復権を多数派社会に求めるのは、あらゆる被差別集団が享有する基本権だが、ロマによるそのような運動を「『ジプシー』や『ツィゴイナー』といった主流社会による呼称を拒否して『ロマ』を自称し、『少数民族』としての権利主張を基本に据える（…）『ロマ民族主義』」(120)と水谷は理解する。

ロマ民族独自の人権獲得・反差別運動に対して、そのような認識しか持ち得ない水谷は、グレルマンと同じく自らが研究対象として選択した人びととの人的接触に欠けるうえ、これまたグレルマン同様に思いあがった上から目線で「ジプシー」社会を覗き見る「卓上のジプシー研究者」であり、その見解が少数民族当事者たちの賛同を得られるとはとても考えられない。

「ジプシー」のインド起源説についても、マルティネス著の両訳者は同じ見解を表明する。「ジプシーのインド起源説は仮説の域を出ず、出身地や出立時期についてはさまざまな見解が提示されている。（…）今日ジプシーと呼ばれている人々は、インドの末裔《まつえい》のみで構成されるのではなく、ヨーロッパ土着の民との混淆によって形成されてきたと指摘される」(121)と左地は主張する。その出典は、ヨーロッパの「ジプシー研究者」オークリーとウィレムス、および日本の「ジプシー研究者」水谷である。仲間同志で引用し合うのは、「歴史修正主義」勢力など保守主義者たちの常套《じょうとう》手段であることは周知されている。

「ジプシー」の「『インド起源』に対する拘泥を捨てなければならない」(122)との主張が最新の水谷著の主題であり、その関連で「ロマのインド起源はすでに一八世紀後半、ロマが使う言語、ロマニ語の比較研究をおこなった数名の研究者によって実証されている」(123)という拙文を、「グレルマンの論議の枠内で展開されてきた『正史』が参照されるだけで、それがそのまま踏襲される」(124)と批判する。もっとも、筆者が参考にしたのは不誠実性や強烈な差別意識など多くの問題を抱えたグレルマンではなく、「今日においても、『ジプシー』の言語と起源を学術的に探究した最初の一人と評されるリュディガー」(125)である。そもそも、啓蒙主義者のリュディガーはグレルマンの六年前に「ジプシー」のインド起源に気づいたのである。

4　インド起源否定論者vsロマ民族同調者

二〇一八年刊の水谷驍著『ジプシー史再考』を読んだ。「内外の先行研究に多くを負っているが、出典をそのつど明記することはせず、おもな参照文献だけを巻末に揚げた」(126)と水谷は同書「あとがき」で断わる。その「主要参照文献一覧」から参照文献のおおよその察しがつくが、かなり前に読んだ書籍と水谷著との類似性に気づいたため、同書の書評を投稿した。

「水谷著はウィレムス著と章立ても内容もかなり重複しており、まさにその日本語訳であるかのような感をあたえる」(127)と書評で記した。「内容も」との指摘を無視した水谷は、ウィレムス著と自著の「『章立て』の一部が両書で重複していると見えたことだけ」(128)を筆者が水谷批判の根拠にしたごとくご都合主義的に拙文を読み替えて居直った。そこで、本書では水谷著とウィレムス著『真のジプシーを探し求めて』(一九九七年)の内容をより厳密に対比し、両書の酷似性を実証する。

サムエル・アウグスティニの記事、「ハンガリー・ジプシーの現状、その風変わりな習慣と生活様式、ならびにその他の特質と事情」が『ウィーン告知』に連載されたことは先述した。「グレルマンはこの報告書(アウグスティニ連載記事のこと=引用者注)に一〇三回以上言及し、とくに民族誌に関連しては九七回も言及し、この部分の記述の七五パーセントをこの報告書からの—ときには一言一句そのままの—引用で埋めていた」(水谷著、一三二ページ)。「グレルマンはアウグスティニ連載記事に最低でも一〇三回以上も触れ、人類学的部分では九七回、グレルマン著の人類学的記述のおおよそ七五パーセントは『ウィーン告知』から—ときには一節全体が一言一句—の借用だった」(ウィレムス著、pp. 61-62)。少なくともウィレムスは連載記事「ハンガリー・ジプシー」掲載の「『ウィーン告知』全号を読んだ」(129)と主張する。『ウィーン告知』の記事はドイツ語とラテン語で書かれており、「ドイツ語ができない身」(130)と認める水谷が『ウィーン告知』を読んだとは思われない。つまり、ウィレムス著と数字までが完全に一致する水谷著の記述は、ウィレムス著の書き写しそのもの、つまり引用を省いた剽窃《ひょうせつ》であると断定できる。

「グレルマンに先駆けてジプシーのインド起源を論証したとされるリュディガーは、グレルマンの掲げた語彙リストについて、『これほどでたらめに集められていなかったならば、もっとはっきりした類似性が明らかになっていたはずである』と酷評した」（水谷著、一三五ページ）。リュディガーによるそのグレルマン著批判は、一七八四年刊の『ドイツ語、外国語ならびに言語学一般に関する最新業績』第三巻に載った（131）。ドイツ語同書を水谷が読んだとは考えられないが、ウィレムス著にリュディガー著のドイツ語原文抜粋とその英訳が掲載（ウィレムス著、p.81）されており、その英訳と水谷著の記述内容は瓜二つである。

ウィレムス著の第二章は「ハインリッヒ・グレルマン」、第三章が「ジョージ・ボロー」で第五章が「ロベルト・リッター」。水谷著は第四章が「グレルマン」、第五章が「ボロー」で、第七章に「リッター」が登場する。両著のこれだけの類似性は偶然なのだろうか。

先述したアクトンのウィレムス著批判（106）を思い起こしていただきたい。ウィレムスが「ジプシーはグレルマンによって創造されたと示唆する」ことをアクトンは批判した。そのウィレムス著批判は、水谷著により該当する。というのは、ウィレムスが「示唆」したことを水谷はもう一歩踏み込んで、確固たる断定へ格上げしたからである。つまり、ヨーロッパの代表的インド起源否定論者ウィレムスよりも、水谷がさらに「過激なジプシー研究者」であることが裏づけられた。「グレルマンは、（…）現実には存在しない汎ヨーロッパ的な『ジプシー民族』を創造したのである」(132)と、水谷が断定するからである。

水谷著書評の拙論発表の一年後、水谷はその反論を公表、「あてこすり・独断・憶測・誹《ひ》謗《ぼう》・中傷・歪曲《わいきょく》・捏造《ねつぞう》・改ざん」などの用語を使って筆者を罵った。

本書で紹介した「ジプシー」の自称が明記された一八世紀の史料は、水谷著書評でも引用した。「『ロマ』が特定の人間集団の自称として用いられるようになったのは一九世紀末以降、（…）『民族の総称』と称されるようになったのは、一九七一年の『第一回〈国際ロマ会議〉』以降のこと」と理解する水谷は、その史料の信憑性《しんぴょうせい》を疑い、ビースター論文からの引用(87)が「あいまいでよく分からない」(133)という。同史料を水谷自身も確実に読んでいるというのに。

筆者はビースター論文から「複数形はロマ、ないしはロッマ、単数形がロム」と一語のみを紹介した。だが、水谷の座右の書でもあり同氏が頻繁に参照するウィレムス著『真のジプシーを探し求めて』に、「ロム、スィンテ、マヌーシュ、そしてガジョのような言葉さえビースターは紹介した」(134)との記述がある。ロマ民族総体の自称「ロマ」、その下部集団の「スィンテ」と「マヌーシュ」、非ロマ男性単数形のロマニ語「ガジョ」までビースターは紹介（135）したが、ウィレムスがそれに言及した個所を水谷はどうやら読み飛ばしたようだ。

水谷執筆の書き物から判断して、自ら研究対象として選択した「ジプシー」との人的交流が、同氏は欠けているに違いないと筆者はかねてから感じていた。

「現在、ロマニのホロコーストを指してもっとも広く用いられている言葉がポライモスである」（136）と水谷は主張する。ロマニ語で「食らい尽くす」や「むさぼり食う」を意味する「ポライモス（Porrajmos）」を使うべきと提唱するテキサス大学名誉教授のイアン・ハンコックは、「バロ・プライモス」＝「大ポライモス」という用語も使う。「バロ・プライモスとは人命を滅ぼしつくすことであり、ロマのホロコーストを意味する。ポライモスはとても不吉な言葉であるため、それを口にするのを躊躇《ちゅうちょ》する人びともいる」（137）と記す。

二〇〇八年に訪ねたそのハンコック、二〇一二年と翌年に訪問したカナダ・ロムの作家で人権活動家のロナルド・リー（Lee Ronald, 1934-2020）、ベルリン自由大学名誉教授のウォルフガング・ウィッパーマン（Wippermann Wolfgang, 1945-2021）以外、「ポライモス」の用語を口にするロマ民族の一般大衆に出会ったことはない。「ジプシー・ラジオ」（http://gipsyradio.com/）と「ジプシー・テレビ」（http://www.gipsytv.com/）を運営するセルビア出身で幼年期からウィーンで育ったロム（ロマ男性）のパポ（ロマニ語の「おじいさん」）ことブラニスラヴ・

ニコリッチ（Nikolić Branislav）は、その用語を「プライモース」と発音して「飲み込む」と訳したが、「その言葉からホロコーストをまったく想定できない」（138）と語った。「ほとんどのロマはポライモスという言葉を知らない」（139）と指摘する言語学者もいる。「とても不吉な言葉」である「ポライモス」をロマ大衆は使わない。

　当事者との接触を回避したグレルマン同様、水谷も純然たる「卓上の研究者」であるようだ。「論争」相手側の著作物を部分的にしか読んでいないと思われる水谷は、筆者による水谷著書評「反論」で五回も「ガージョ」（140）なる言葉を連発し、筆者の想定が正しかったことを自ら裏づけてくれた。

　いくつかの明確な特徴が、水谷執筆の「ジプシー」関連単行本二冊から浮かび上がる。第一に、遅くとも一八世紀から確認できる当事者の自称「ロマ」を不問にし、圧倒的多数の当事者が拒絶する「ジプシー」などの他称を使う。「相手に烙印《らくいん》を押す概念である『ツィゴイナー』は、もはや極右の仲間内のみで使われる」（141）と指摘されているのにである。そのような概念を常套語として使いつづける論者たちは、思想的に極右ということになりはしないだろうか。

　第二に「ジプシー」と呼ばれる集団を「多種多様な人びと」とみなし、その独自の民族性を認めない。

第三にナチ党と同じく、世界中のあらゆる非定住・移動生活者集団を「ジプシー」に包括する。その当然の結果として、第四に「ジプシー」のインド起源を否定せざるを得なくなる。これこそがそれら論者の最大の誤認である。

そして、第五に、「グレルマンがジプシー民族を創造したと示唆する」オランダのインド起源否定論者の説をもう一歩推し進めて、示唆から断定へと格上げする。言語学的研究成果の完全なる無視のうえに成り立つそのような論は、当事者不在のために人権擁護を求める運動体もなく、糾弾される恐れもない日本だからこそ公表できたのだろう。

これらの諸点に賛同しかねることは、拙論をお読みいただいた読者諸氏にとって歴然としているだろう。そもそも水谷と筆者との研究対象、研究テーマや関心事はまったく別個である。

「雑多な出自の非定住・移動生活者集団の歴史」を水谷は研究し、その片隅に自分自身が理解する範囲での「ジプシー」も含める。他方、インド発祥の民族にルーツがあるロマの迫害史、現状、反差別人権運動が筆者の関心事である。ともに非当事者である両者の際立った違いは、研究対象として選択した当事者との人的交流があるのかないのか、その点にこそあろう。そのような交流が、水谷にあるとは微塵《みじん》も思われない。

他方、筆者にとってのロマは生身の人間である。訪欧するたびにロマの知り合いや友人たちと再会して旧交を温め、書籍などからは知り得ないさまざまなことを教えていただく「我が先生」という存在である。

ロマ民族を迫害・差別しつづけた多数派ヨーロッパ人のひとりとして生を受けた自分にとって、ロマの人権獲得活動への関与が責務だと痛感し、ロマ民族研究とロマによる自主的自助運動の支援を四〇年以上つづけている。

ロマ民族の自称のみならず、インド起源も反差別の抵抗権すらも否定し、ヨーロッパの「ジプシー研究者」でさえ躊躇するような極論を述べる水谷と筆者とが、「学術的」な論争を展開できる可能性はまったくない。そのため、日本寄せ場学会の年報『寄せ場』に「水谷驍氏『ジプシー観』の最終的批評」(142)を投稿し、水谷との「この不毛な『論争』を最終的に終結する」と二〇一九年九月末に宣言した。

5　あらゆる移動生活者集団の構成員は「ジプシー」なのか?

人類史全体から眺めれば、定住生活は人間が採集狩猟社会から農耕生活へと発展した以降の比較的新しい居住形態である。今日ではその多くが定住生活者になっているものの、歴史上さまざまな移動生活者集団が世界各地に実在した。それらの集団すべてが、インド起源でなかったことはあまりにも当然だろう。ヨーロッパ大陸でのそれら非定住・移動生活者集団の一部を列挙しよう。

スウェーデンやノールェーの「ライゼンデ（Reisende）」、オランダの「ウォーンワーゲン・ベウォーナ（Woonwagenbewoner）」、イギリス、スコットランドやアイルランドの「ティンカー（Tinker）」や「トラヴェラー（Traveler）」、スペインの「クィンクィレロ（Quinquillero）」、フランスの「ジェン・ドゥ・ヴォヤージュ（Gens du Voyage）」、イタリアの「カミナンティ（Camminanti）」、スイス、オーストリア、ドイツ南部の「イェニシェ（Jenische）」などである。また、日本にもかつては「サンカ（山窩）」（143）と呼ばれた非定住生活者集団がいた。

それら雑多な非定住・移動生活者集団とその構成員も、多数派社会から「異民族」や「犯罪者集団」とみなされ危険視された。もっとも、これら非定住生活集団の構成員の大多数は地元の人間であり、戦乱、自然災害、食糧不足などさまざまな社会的要因によって移動生活者になった場合がほとんどである。

中世ヨーロッパの「移動生活者諸集団には等級があり、もともと農民か職人の出身だった移動生活者と比べて、ジプシーはより隔離された存在だった」（144）。物乞いやイェニシェなどの非定住・移動生活者は地元の人間であった。しかし、「ジプシー」は「エジプト語」を使う異民族とみなされた。

同じく非定住・移動生活者集団だったイェニシェと「ジプシー」とをいくらか比較しよう。オーストリアがナチス・ドイツに併合された一九三八年まで移動生活をつづけたイェニシェは、農民から「犬や猫を好んで貰い受け、食用にしました」（145）。

だが、犬肉の食用はロマ社会の禁忌事項である。

「馬肉も犬の肉も猫の肉も絶対に食べません。そんな肉を口にしようものなら、タブーを犯すことになり、スィンティ社会から追放されてしまいます。スィンティ社会の名誉にかかわる不文律の掟です」（146）。

すべての非定住・移動生活者を区分せずに同一視する理解は、ロマ民族独自の文化を顧みない単純化した誤謬である。

エスニスィティ（民族性）でなく移動生活という生活・居住形態を判断の指標とし、もろもろの非定住・移動生活者集団と、その中核がインド発祥の少数民族であるロマ民族とを十把《じっぱ》一絡《ひとから》げに「ジプシー」と把握するところに、欧日のインド起源否定論者による誤認の発端があると考える。

「ジプシー研究は、（…）非インド起源の移動民も研究対象に含めてきた」と主張する左地は、自著の書名に「ジプシー」という用語を使っている。だが、厳密にいえばその書名は不正確といわねばならない。左地の研究対象は、フランスでの「ジプシー」の下部集団（左地用語は「下位集団」）であるマヌーシュ（Mānuš）のみならず、それに加えて「インド起源の特定の民族を指す『ジプシー』ではなく、民族的なカテゴリー化を避けた名称である『移動生活者』、（…）非インド起源の移動民も含む」（147）からである。

　ロマ民族と「移動生活者」を同一視するような非科学的姿勢を、ロマ民族研究者は執らない。第一に今日ではロマ民族構成員の圧倒的多数が定住生活者であり、移動生活をつづけていない。移動生活様式が「ジプシー」を特徴づける生活形態であるという認識は、現実離れで時代遅れの見解だといわざるを得ない。

　第二に「ジプシー」などの他称で呼ばれる人びとの中核は、独自の文化を保持する「ロマ」を自称する少数民族である。とうぜんロマ独自の民族文化も、多数派文化と同様に、時代とともに変遷を遂げる。そのことをロマ民族研究者は認めつつも、言語などロマ民族独自の文化を継承する重要性を指摘する。そのロマ文化について、「移動生活者」は基本的に無知で無関心であることが多い。その結果、知らず知らずのうちにロマ文化の禁忌事項を犯しつづけ、ロマ側からすれば接触を避けたい「汚れた」存在になる。よって「ジプシー」、あるいはその特定の下部集団と「移動生活者」とを同列に論じることは科学的でない。

そして、第三にすべての非定住・移動生活者集団を「ジプシー」と捉えるような「ジプシー」概念の理解は、「過去の克服」という重要課題に背を向けたナチス的理解にほかならないと考えるため、それを強く批判する。

ドイツ当局による「ジプシー」特別把握と迫害はナチス時代からはじまったわけではなく、それ以前の帝政時代（一八七一〜一九一八年）から実行されてきた。「反社会的分子」とみなされた「ジプシー」をも含む非定住・移動生活者集団の「犯罪予防」が主目的の「社会問題」として、「ジプシー問題」は把握された。

〈ドイツ帝国〉南部バイエルン州のミュンヘン警察本部内に「保安警察ジプシー情報収集局（Nachrichtendienst für die Sicherheitspolizei in Bezug auf Zigeuner）」（略称「ジプシー本局（Zigeunerzentrale）」）が一八九九年三月に設置され、「ジプシー」の特別把握に着手した。だれが「ジプシー」に該当するのか論議され、「人種学的見地からのジプシー」および「ジプシー風放浪者」の双方が「ジプシー」を構成するとの合意が形成された。そして一九〇五年六月、同本局の局長アルフレッド・ディルマン（Dillmann Alfred, 1849-1924）監修による『ジプシー総鑑（*Zigeuner=Buch*）』が発行された。同書の序文で「ジプシー」概念は「社会的範《はん》疇《ちゅう》」とされ、民族性や国籍と無関係に「家族全員で放浪生活をするすべての者がジプシー」

であると定義づけられた(148)。基本的にナチスの「ジプシー」理解もその延長線上にあった。〈国家社会主義ドイツ労働者党〉＝ナチ党が一九三三年一月末にドイツの政権を掌握して以降、「ジプシー政策」は抜本的に変化した側面と帝政時代と変わらなかった側面の両面があった。ドイツ警察統率者でナチス親衛隊首領のハインリッヒ・ヒムラー（Himmler Heinrich, 1900-1945）が一九三八年一二月八日に発した布告「ジプシー禍の撲滅（"Bekämpfung der Zigeunerplage"）」で、「ジプシー問題」は「その人種の本質を基礎にして着手されなければならない」(149)と、それまで「社会問題」と認識されていた「ジプシー問題」は「人種問題」と認識し直された。それ以降、「その外見や風俗からしてジプシー、混血ジプシーやジプシー風放浪者」と断定された者は生活上のさまざまな制約を受けるようになり、「指紋採取」や「人種生物学検査」の対象になった。これは「人種」による「特別把握」であり、政策上の抜本的厳格化だった。ところが、その「人種」概念を科学的に証明することにナチスの「人種優生学者」たちは苦労した。

〈ドイツ帝国内務省〉内〈帝国衛生局〉の付属機関として、一九三七年に一一月に〈人種優生学研究所（Rassenhygienische Forschungsstelle）〉がベルリンで正式に設置された。同機関の職員たちは、一九三八年三月から四四年一一月までナチス支配圏全域において三万人ほどの身体測定や血液検査によるいわゆる「人種診断」なるものを実施した(150)。だが、その甲斐もなく「純血ジプシー」「混血ジプシー」「ジプシー風放浪者」の三区分を科学的に裏づけるにいたらなかった。

「ユダヤ問題」と同じく「ジプシー問題」も「人種問題」と把握して処理しようとナチスは試みたものの、同党の御用学者たちも「人種」概念を科学的に裏づけることができなかったため、それは理念で終わった。その結果、布告「ジプシー禍の撲滅」は「対策の対象となる人物を広範に捉え、ミュンヘン警察ジプシー本局の提案に従って、純血ジプシー、混血ジプシーおよびドイツ血統のジプシー風放浪者を対象にした」(151)。

〈人種優生学研究所〉所長のロベルト・リッター(Ritter Robert, 1901-1951)は、「ジプシーの九〇パーセント以上が混血者である」(152)と断定した。

また、人類学者でナチスお抱えの人種優生学者にまで出世できたハンス・ギュンター(Günther Hans, 1891-1968)は、一九三四年発行の『ドイツ国民の人種学』第一六版で、「ジプシーはインド発祥のさまざまな民族と中近東・西南アジアの諸民族の混合体である雑種」と主張した(153)。

「純血」を絶対視し「混血」を犯罪視したナチスが、インド発祥の民族で本来は「アーリア系」である「ジプシー」を「劣等民族」と断定し、その殲滅《せんめつ》まで計画した根拠はまさにその点にあった。

「純血」を最重視したナチスにとって「混血」は劣等性の証明にほかならず、混血民族とされた「ジプシー」は「撲滅」されるべき対象なので、ユダヤ系住民と同じ「根拠」（「劣等民族」）と同じ方法（強制収容など）によってホロコーストの犠牲になった(154)。

三類型の人びとを「ジプシー」と断定したナチス的「ジプシー」理解で重視されたのは、エスニスィティや国籍と無関係な非定住という生活・居住形態だった。そのナチス的「ジプシー」理解を、インド起源否定論者たちは現在も繰り返している。

6　ロマ民族の定義と「人種」概念

ロマという均一な少数民族は世界のどこにも存在しない。世界各地に離散するロマ民族は断じて均一な集団でなく、多くの下部集団によって構成されている。祖先が祖国インドから移動を開始した時期とその経路もまちまちで、伝統的に従事した生業も、使用するロマニ語もいくらか異なる方言を使うロマ民族は、複数の大集団（ナツィア nátsiya）と無数の小集団（ヴィッツァ vitsa）によって構成されている。それらの諸集団を統一するものがロマニペ（Rromanípe）である。ロマニペをロマニヤ（Rromaníya）と呼ぶナツィアもあるが、どちらもロマ独自の文化、旧慣、法体系などの総体を言い表すロマニ語の言葉である。

ルーマニア・ロマ出身の社会学者で人権活動家でもあったニコラエ・ゲオルゲ（Gheorghe Nicolae, 1946-2013）は、「ロマは地域的統一性や国民国家とは無縁だが、共通した文化的価値観を共有する民族」（155）と自民族を定義した。

また、欧州評議会の協議団体であるヨーロッパ各国のロマ組織の連合体、〈ヨーロッパ・ロマとトラヴェラーズ懇談会（European Roma and Travellers Forum）〉は二〇〇九年に「ロマ人権憲章」を採択し、その第一条で「共有の文化遺産であるロマニペの正当性を認める者がロマである」（156）と定義した。

現在、たとえ居住形態を定住生活に変更していようとも、大多数のロマ民族構成員は伝統的な民族文化の保持を大切にしている。それは、一泊でもロマ家庭にホームステイすれば歴然となる。つまり、居住形態と民族文化とはまったく無関係なのである。民族文化を保持しつづけるために最重要なのは、ロマ民族の構成員であるという確固たるアイデンティティを持ちつづけることだろう。そのアイデンティティの喪失を防ぎ止めるため、ロマニ語をはじめとするロマ民族独自の文化保存運動が重要であり、多くのロマの自主的自助運動体はそれを重要課題と位置づけている。

一九九五年六月、オーストリア東部ブルゲンラント州シュライニング市で開催された国際会議において、国際連合の教育科学文化機関（ユネスコ）は「人種主義、暴力と差別に反対する宣言」を採決した。その宣言に「過去から二〇世紀に持ち越された『人種』概念は、完全に時代遅れである。（…）『人種』という用語を使いつづける科学的根拠は存在しない」(157)と謳《うた》われている。

これが社会科学における現代的認識である。つまり、ここで取り上げた「真のジプシー」などを探し求めるヨーロッパや日本の「ジプシー研究者」たちが唱える説は、「時代遅れ」で非科学的であると指摘せざるを得ない。

「ジプシー」のインド起源を否定しつづけるそれらの論者たちが、ロマ民族のインド起源論を論破できたとは現在までのところ微塵もいえないうえ、将来的にもそれに成功することはないだろう。

7　ロマ民族の祖先はなぜインドから西方へ移動したのか

国際機関もロマ民族のインド起源を承認している。四七の国が加盟し、日本も一九九六年からオブザーヴァーとして参加する欧州評議会は、「ロマ史―インドからヨーロッパへ」を公表した。「言語学、文化人類学、歴史学と最近では集団遺伝学の研究成果によって、ロマのインド起源が事実であることが裏づけられた。（…）ロマのインド起源は疑う余地は残されていない」(158)。

ただし、なぜロマ民族の祖先がインドから立ち去ったのか、その疑問に対する明確な回答はいまだ提示されておらず、複数の仮説が併存する。一部の言語学者たちが唱えるそのような仮説、およびロマ民族の人権運動にも関与する活動家で、自らもロマ出身の研究者数人が支持する仮説を紹介しよう。

ロマ民族がインド起源であることは疑問の余地がないとする言語学者は、中央アジア(現アフガニスタン東北部)の遊牧民族エフタル(Hephthalite)によるインド北西部への侵略があった六世紀ごろに、ロマの祖先がインドから西方へ立ち去った可能性があるという。ロマの民族語ロマニ語にアラビア語系語彙の痕跡が認められないため、アラブ勢力によるペルシア(イラン)への侵略があった七世紀半ばよりも早期に同地域を去り、アルメニアで中東系とヨーロッパ系の二派に分派した。ヨーロッパ系ロマは九世紀にアルメニアを出発、ギリシア語の借用語がロマニ語に多いため、そのころから比較的長期間にわたってビザンティン帝国(ギリシア)に留まった。一二世紀の多くの史料からも同地でのロマの存在が確認できる。そして、一二世紀からブルガリア、一四世紀にはワラキア(現ルーマニア)、セルビアやクロアティア、ハンガリーやチェコなど東欧の史料でもロマの到着が明記されるようになった(159)。

多くのロマ出身研究者が支持する仮説を次に紹介する。

現アフガニスタンのガズナ（現ガズニー）に首都を築いたイスラーム王朝のガズナ朝二代目スルターンのマホゥムード・ガズニ（Ghazni Mahmud, 971-1030）の率いる軍隊が、一〇〇一年から二六年にかけてインド北西部へ一七回ほど侵略を繰り返し、破壊、収奪、殺戮《さつりく》や拉致《らち》の限りを尽くした。そして、それぞれの侵略で数万人単位の住民を拉致したガズナ朝軍は、その一部をグーラム（Ghulam）と称する奴隷兵として戦闘に参戦させた。ロマ民族の祖先は、ガズナ朝軍の捕虜となって連れ去られた元奴隷兵、あるいはガズナ朝軍によるインド北西部への侵略を逃れて西方へ逃亡した被災民との説が有力である（160）。

なお、学術書ではないが、フランス生まれでオーストラリア在住の作家ロジャー・モロー（Moreau Roger）がインド北西部のラジャスタン州からハンガリーの首都ブダペストまでロマの祖先がたどった道程を追った『ロム　ジプシーが歩んだ道を歩く』というセミドキュメンタリー作品もある（161）。

ロマ民族の各下部集団の異なるロマニ語方言やその語彙（借用語）の違い、また伝統的稼業の違いなどから考えて、ロマ民族の祖先は単一の集団ではなく、さまざまな出自の人びとによって構成され、それらの人びとによる移動＝逃亡も一度の大移動でなく、数百年の長期間にわたって何派にも分かれ、異なる移動開始時期と、いくつかの経路および長期滞在した地域（イラン、アルメニアやギリシアなど）を経由して西方へ移動したのではないかと考えられる。

インドを旅立ち、さまざまな国々を経て数百年後にヨーロッパ大陸にたどり着いた最初の「罪もない難民」（リュディガー論文、四五ページ→本書、四一ページ）、それがロマ民族の祖先だったのだろう。

Neuester Zuwachs
der
teutschen, fremden
und allgemeinen
Sprachkunde
in eigenen Aufsätzen,
Bücheranzeigen und Nachrichten
von
J. C. C. Rüdiger.
Erstes Stück.
Leipzig,
bey P. G. Kummer. 1782.

リュディガー論文「ジプシーの言語とその起源について」所収の『ドイツ語、外国語ならびに言語学一般に関する最新業績』第１巻（クンマー出版、ライプツィク、1782 年）表紙

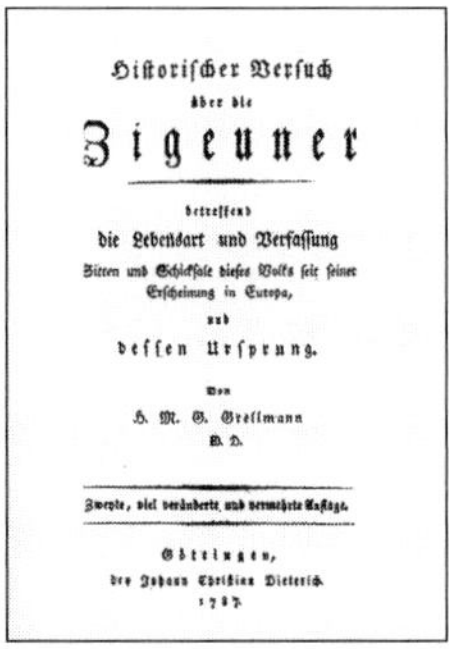

Historischer Versuch
über die
Zigeuner
betreffend
die Lebensart und Verfassung
Sitten und Schicksale dieses Volks seit seiner
Erscheinung in Europa,
und
dessen Ursprung.
Von
H. M. G. Grellmann
D. D.
Zweyte, viel veränderte und vermehrte Auflage.
Göttingen,
bey Johann Christian Dieterich.
1787.

グレルマン著『ジプシー』ドイツ語増補改訂版（1787 年）表紙

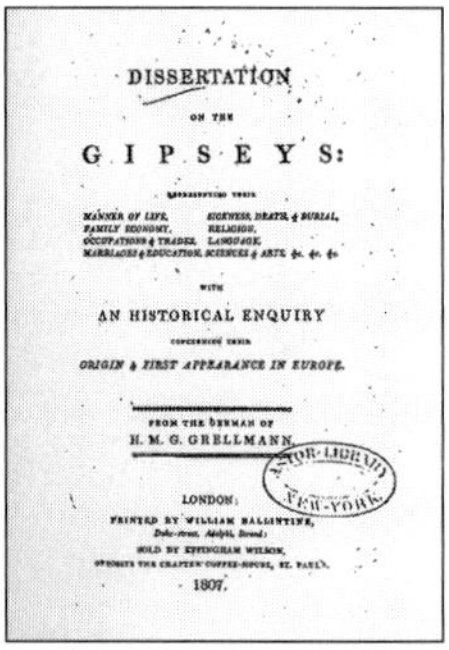

DISSERTATION
ON THE
GIPSEYS:
REPRESENTING THEIR
MANNER OF LIFE, SICKNESS, DEATH, & BURIAL, FAMILY ECONOMY, RELIGION, OCCUPATIONS & TRADES, LANGUAGE, MARRIAGES & EDUCATION, SCIENCES & ARTS, &c. &c. &c.
WITH
AN HISTORICAL ENQUIRY
CONCERNING THEIR
ORIGIN & FIRST APPEARANCE IN EUROPE.
FROM THE GERMAN OF
H. M. G. GRELLMANN.
LONDON:
PRINTED BY WILLIAM BALLINTINE,
SOLD BY EFFINGHAM WILSON,
1807.

グレルマン著英訳『ジプシーについての博士論文』（1787 年）表紙

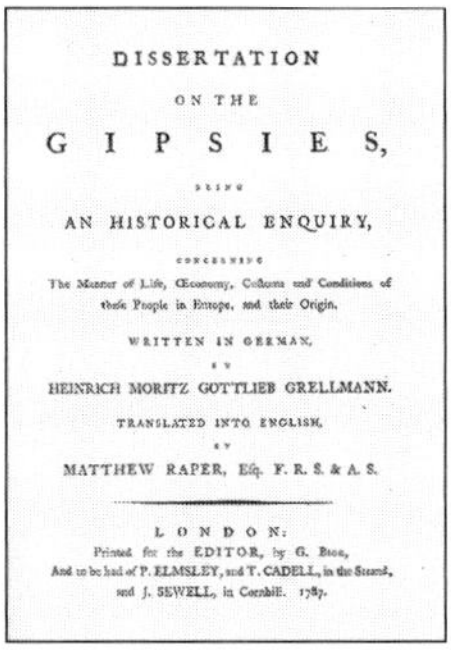

DISSERTATION
ON THE
GIPSIES,
BEING
AN HISTORICAL ENQUIRY,
CONCERNING
The Manner of Life, Œconomy, Customs and Conditions of these People in Europe, and their Origin.
WRITTEN IN GERMAN,
BY
HEINRICH MORITZ GOTTLIEB GRELLMANN.
TRANSLATED INTO ENGLISH,
BY
MATTHEW RAPER, Esq. F. R. S. & A. S.
LONDON:
Printed for the EDITOR, by G. Bigg,
And to be had of P. ELMSLEY, and T. CADELL, in the Strand,
and J. SEWELL, in Cornhill. 1787.

グレルマン著英訳再版『ジプシーについての博士論文』（1807 年）表紙

終章　ロマ民族構成員はだれか

1　日本社会の「ジプシー・イメージ」

近世賤民制度廃止を目的とする賤称廃止令が公布された三〇年後の一九〇一年、ロマ民族の一団が初来日した。長崎に上陸したその「ヂブシー」たちは、「西洋穢多」の名称でもって新聞に登場した(162)。

西洋穢多の舶来
欧州に「ヂブシー」といへる一種の穢多あり広く各国に分布し居れるが数日前浦塩斯徳より長崎へ入港したる露船にてこの「ヂブシー」の一隊我邦に渡来せり聞く所によれば彼等は露国官吏の為めに追払はれ米国に行く目的にて我国に来りたるものにして欧羅巴より浦港までは徒歩にて広き西比利亜を部落より部落を追て進み来りしものなるべく総勢五十余人のうち男子は僅かに十五名にて婦人は赤き上衣を着奇妙なる髪飾りを為し一

見頗る奇なり彼等は米国に赴くと言ひ居れ共穢多の事とて寮費の蓄もなき由にて目下は幾個にも隊を組んで市中を乞食し歩るきまた舞を為し歌を謡い僅かばかりの金銭を得て糊口し居れるが長崎の当局者は彼等は露国の臣民なれば若し旅費を所有せざること事実ならば浦塩へ追還さんと言ひ居れるも同地の露国領事は彼等が自ら露国民なりと言ふにも拘らず露国民として之を承認することを拒み居れりと言ふ

長崎県行政と外国領事館との往復書簡を集めた長崎県外事課の資料『来翰《らいかん》』や『長崎県警察史』上下二冊などを長崎県立図書館で閲覧し、長崎大学経済学部図書館で長崎県地元紙も探索したが、この件についてのほかの資料や新聞の続報などを発見することはできなかった。そのため、この事件の顛末《てんまつ》は不明というほかないのだが、ロマが長崎に暮らした形跡が認められないため、強制退去処分になったか、もしくはアメリカ渡航に成功したのではないかと思われる。

この事件から九四年後、一九九五年一月二七日にアウシュヴィッツ強制収容所解放五〇周年の記念日が祝された。それに合わせるかのように文藝春秋社の月刊誌『マルコポーロ』の同年二月号に、医師で厚生省職員だった西岡昌紀の「戦後世界最大のタブー　ナチ『ガス室』はなかった」が載った。この「マルコポーロ事件」が起きた二カ月後、ユダヤ系アメリカ人のイリノイ大学教授で知日家のディヴィッド・グッドマン（Goodman David, 1946-2011）は以下のような指摘をした。

「ほとんどの場合日本人にとってのユダヤ民族のイメージとは知識に基づいて積極的に形成されたものではなく、なんらかの情報源から受動的に受け入れられた曖昧《あいまい》なもので、西洋ではとっくに廃れた、ユダヤ民族に対する多くの誤解がいまだに通用していたり、西洋ではすでに確定された多くの歴史的事実が、現在も疑問視されていたりする」（163）。

実際にユダヤ民族が暮らす欧米社会とユダヤ系外国人がほとんどいない、もしくはいたとしてもそうとは気づかれない日本社会とのあいだに、「ユダヤ人」に対する大きな感覚のズレがあるとの厳しい分析を故グットマン教授はした。

ロマ民族構成員がまったく不在である日本社会での「ジプシー・イメージ」に、欧米社会とさらに大きなズレがあるとしても不思議ではないだろう。日本社会における「ジプシー・イメージ」がどのように変遷したのかを見よう。

筆者が日本の大学に就任した直後、学生一一〇人にアンケートを実施したことがある。「ロマについて知っていること」との設問を理解できた学生が一人もいなかったため、「ジプシーについて知っていること」と言い換え、自由記載させた。

「何も知らない」や「知識がない」と答えた学生は半数近くの四八パーセントもいたが、それにもかかわらず全員が「ジプシー」について何らかの「イメージ」を表明した。「非文明的」「野蛮な集団」「いかがわしい仕事」「その日暮らし」「教育がない」「低生活レベル」「治安が悪くなる」などのマイナス・イメージが圧倒的に多かった。正しい知識を持った学生はほんの一握りで、「ジプシー」がインド発祥の民族と知っていた学生はわずかに一人であった。中世ヨーロッパで唱えられた謬説《びゅうせつ》の「ジプシーはユダヤ人」やら、「ベトナム戦争のアメリカ敗残兵がジプシーの起源」というような「ジプシー・イメージ」を抱く学生までいた。

非現実的で時代錯誤的なイメージ、「ジプシー」は「馬車生活」をする「放浪の民」と思い込んでいた学生も多かった(164)。

勤務校の学生たちが、日本社会の一般国民と比べてとりわけ無知であったと考える根拠は存在しない。学生たちが表明した「ジプシー・イメージ」は、日本社会で一般化していた「ジプシー」に対する無知と無関心、そしてそれに基づく偏見と差別感の表出だったのだろう。一九九〇年代初頭当時、日本のマスコミは犯罪報道で容疑者や犯人の国籍まで報じるのを常としたが、「ジプシー」に対する偏見を流布させた責任も、人権的配慮を欠いたマスコミ報道の負う側面が大きかっただろう。大手の新聞社や放送局も、当時はまだ「ジプシー」の用語を使いつづけていた。

日本の「ジプシー・ミュージック」の第一人者、関口義人は「番組のディレクターからいつでも『あの、関口さん、放送では「ジプシー」っていう表現は避けてください』といきなり釘を刺される。(…)仕方なくいちいち『ロマ』と言い換えたり、『ジプシーと呼ばれていたロマ』などと説明を加える」(165)と書いている。二〇一〇年ごろの話である。

現在は「アウシュビッツは一九四〇年、ナチスがポーランドに設置。ユダヤ人やロマ、ポーランド人、ソ連軍捕虜らを移送し、ガス室などで殺害した」(166)のような記事が新聞に載る。もっとも、その記事の「ユダヤ人」と「ポーランド人」とのあいだにある「ロマ」という言葉を正しく理解する読者が、どれだけいるのかいぶかしく思う。なぜなら、大手新聞社による「ジプシー」から「ロマ」や「ロマ人」(167)への置き換えがなし崩し的になされ、なぜそうするのかを新聞各社が読者にじゅうぶん説明したとは思えないからである。

「『ジプシー』という言葉を紙面で使う時は、『ジプシーと呼ばれ差別されてきたロマ民族』などと『ジプシー』が差別的呼称であることに必ず言及する」と記す『朝日新聞』の記者は、複数の具体例を挙げながら、「『ジプシー』をさまようイメージの比喩で使う表現は、いまも堂々と通用している」(168)と指摘する。二〇一〇年代にいたってもなお、日本での「ジプシー・イメージ」は「さまよう」や「放浪の民」に直結していた。

「『ジプシー』という言葉が差別語だとして、『原発ジプシー』という書名を改めるべきだ、という声があることは私も承知している。（…）『各地を流れ歩く者たち』という意味でこのことばを使う人もいて、そうした場合には『放浪の民＝ジプシー』という短絡的で差別性をおびた言葉づかいになっているといえなくもないのだが、（…）原発を渡り歩く彼ら日雇いの下請け労働者たち自身が自嘲とも悲しみともつかぬ思いをそこに込めて、自らをこの言葉で表現していた。（…）自分たちの境遇を思うにつけ、話に聞くジプシー（ロマ）の人びとが受けているであろう差別や迫害、それと同じような苦しみを俺たちもまた味わっているのだという、ジプシー（ロマ）の人びとにむけたそんな共感とも同情ともつかぬ響きがこの言葉に含まれているのだ。同じ〈痛み〉のなかにおかれた者たちどうしの血を吐くような共通言語としての『ジプシー』なのだ」（169）と、『原発ジプシー』の著者は自著の増補改訂版「あとがき」で書いている。

説得力のある論ではない。ロマ差別は民族差別であり、誰しもが所属民族を自ら選択できない以上、その差別は先天的である。他方、原発日雇い労働者に対する差別は職業差別であり、職業選択の自由が保障された近代社会では後天的差別である。異質である両差別を単純に比較することはできないだろうし、いかなる場合も「ジプシー」という言葉を比喩的に使うべきではないと考える。

「ジプシーという言葉は、『迷う』『彷徨《さまよ》う』というニュアンスで、あくまで比喩的に用いており、特定の民族や人々を示しているわけではない」(170)と、二〇一八年末段階にいたってもなお、著者たちはわざわざ断る。『放浪の民＝ジプシー』という長きにわたって日本社会で残存した「ジプシー・イメージ」そのものが、「ジプシー」の歴史と現状から目を逸らした時代錯誤的産物以外の何物でもないのである。

ナチ党の〈公安本局〉は、一九三九年一〇月一七日に「収監通達」を発布、支配圏における「ツィゴイナー」と呼ばれた人びとの移動を全面的に禁じた(171)。「ジプシー」や「ツィゴイナー」などの蔑称で呼ばれたロマ民族を構成する人びとの圧倒的多数は、遅くとも第二次世界大戦後から定住生活者になった。

かつて行商人(戦前)や市場商(戦後)として家馬車生活をつづけたオーストリアのロムニ(ロマ女性)チャイヤ・シュトイカー(Stojka Ceija, 1933-2013)は、一九四九年秋に家馬車で最後の旅に出た。その後、「わが家の馬はウィーンの屠場に売られ、馬車は辻馬車の御者に買い取られた。こうして何百年もつづいたロマの伝統は終末を遂げた」(172)、と体験記に記している。

「ドイツでは例外なく―ヨーロッパの他国もしかり―わが民族集団の構成員みなが定住生活者である」(173)と、〈ドイツ・スィンティ・ロマ中央委員会〉委員長のロマニ・ローゼは一九八七年段階で記しており、ロマ出身の研究者イアン・ハンコックも同年、「今日では世界のジプシーのほとんどは移動生活を送っていない」(174)と書いている。それが第二次世界大戦後の社会的現実だった。

数十年遅れの日本の「ジプシー・イメージ」とは異なる「ジプシー・イメージ」が、ドイツ語圏(おそらくはヨーロッパ全域)にもある。「ジプシー」という語を付した食品、「ジプシー・カツレツ」「ジプシー・ロースト」「ジプシー・串焼き」「ジプシー・サラダ」「ジプシー・ソース」などがレストランのメニューに載っており、食料品店やスーパーマーケットでも売られている。それらの食品や料理はふんだんにトウガラシを使い、赤い色をしている。すべてのロマ家族の家庭料理が激辛で、ロマ全員が辛い物好きでもないのに。もっとも、少なからぬ多数派ヨーロッパ人は現在も「ジプシーは情熱的で気性が激しい」という伝統的「ジプシー・イメージ」を抱いているため、「ジプシー」で思い浮かぶ色はトウガラシや赤パプリカの真っ赤ということになるのだろう。

「最近ハノーファーのあるスィンティ・ロマ組織は〝ジプシー・ソース〟の名称を〝パプリカ・

ソース〟に変更するよう求めた。自称としてジプシーを使いつづけるスィンティやロマのグループもあるというのに。（…）クノール食品は自社製アイスクリームの商品名〝エスキモー〟も、〝ジプシー・ソース〟の商品名もそのまま使いつづける決定をくだした。それが正論だ！」（175）と、ドイツのテレビ司会者で福音派伝道師でもある保守主義者のペーター・ハーネは、「ジプシー」の語を比喩的に使う問題を茶化す。

人種差別主義者ハーネの本の出版から六年後の二〇二〇年八月、「ジプシー・ソース（Zigeunersauce）」の商品名をいつまでも使いつづけることが「正論」でないことにドイツのクノール食品（Knorr，一八三八年創業）はようやく気づいた。そして、その商品名を「パプリカ・ソース・ハンガリー風」に変更すると報道機関に通知、〈ドイツ・スィンティ・ロマ中央委員会〉のロマニ・ローゼ委員長はその決定を歓迎するとの談話を発表した（176）。

二〇二〇年八月の同日、オーストリアのスナック菓子メーカーのケッリーズ（Kelly's，一九五五年創業）も、パプリカ風味のスナック菓子「ジプシー車輪（Zigeunerräder）」の商品名を月末から「サーカス車輪」に変更すると決定（177）、このように人種差別的な名称がついた商品はどんどん市場から消えていく。

被差別集団の他称は商品名としても比喩的にも、その集団の呼称としても使うべきでないと考える。その集団に属する人びとが社会構成員になっている国々でも、暮らしていない国でも同じように。

2　ロマ・アイデンティティ

『ドン・キホーテ』の著者として有名なスペイン人作家、ミゲル・デ・セルヴァンテス（Cervantes de Miguel, 1547-1616）が短編小説『ジプシー娘（*La Gitanilla*）』（178）を一六一三年に発表した。「ジプシー」に誘拐された貴族の娘プレシオーサ（Preciosa）がその小説の主人公だ。その当時から二一世紀の現在にいたるまで、「ジプシーは子どもをさらう」という中世来の偏見が克服されることもなく、多くのヨーロッパ人の脳裏に焼き付いている。

ギリシア中部ファルサラ町のロマ居住区で薬物や銃器を捜査中の警察が、ブロンドで青い目の女児を発見、その女の子を育てていた夫妻を「誘拐罪」で起訴・拘留し、女の子をアテネの児童保護施設へ連れ去った。数日後、ブルガリアのロマ女性がその女の子の実母で、ギリシアへ出稼ぎ中に女の子を出産、経済的に養えないため、ギリシア・ロマの家庭に里子としてあずけたことが判明した（179）。

この事件を起こした見込み捜査中の警察官だけでなく、多くの人が「ジプシーは黒髪で目も黒い、肌は浅黒い」と信じ込んでいる。だが、その思い込みは非現実的である。「きょうだいがたくさんいました。自分を含めて女の子が一一人と男の子が一人の一二人です。そのうち、四人がブロンドで碧眼《へきがん》」（180）と、スィンティ女性のローザ・ウィンター（Winter Rosa, 1923-2005）は証言した。

また、二〇一一年に初めて訪れてから毎年訪ねている北マケドニア共和国スコピエ市のロマ集住地区、ロマが住民の多数派を構成する「ロマの街」シュトカ（Šutka）でホームステイするロマ家族には、五人の子どもがいるが、母親と娘二人は碧眼である（カバー写真）。金髪や青い目のロマはけっして珍しくないのである。

少なからぬ人びとが、「ジプシーは子どもをさらう」という偏見をいまだに克服できないでいる。だが、史実は真逆である。一八世紀後半から一九七〇年代まで、為政者や教会関係の「慈善団体」などが、ロマや移動生活者集団イェニシェの子どもを強制的に親元から引き離し、孤児院や里親に教育を委ねた（181）。それが史実である。

また、多数派の極貧家族が経済的に育てられないという理由で、自分の子どもをロマに引き取ってもらう、あるいは望まない子を産んだ未婚の母が、自分の乳児をロマに養子としてわたすような史実もあったという。「育ててくださいと、貧乏人が自分の子どもを私たちに差し出すことが何度もありました。見殺しにするより、育てたほうがいいに決まっています。助けられるときは助けるべきなのです。戦後になって、オーストリアのスィンティに育てられた男の子が今でもドイツで生きています。農家の下働きとして雇われていたその子の母親は未婚でしたが、妊娠をしてしまい途方にくれていました。スィンティたちはその母親に少額の金を渡し、子どもを引き取ったのです」（182）。これも一九八五年まで移動生活をつづけたローザ・ウィンターの証言である。ちなみに、ローザは移動生活をした最後の世代に属する。

「白人社会で暮らし難い人たちをジプシーはいつでも引き取り、歓迎する。（…）白人に捨てられた身障児の赤子を拾って育てたこともある」と述べる著者の小野寺誠は、それと矛盾する「ジプシー閉鎖社会」（183）なる言葉も同時に使う。いずれにせよ、ロマ社会を閉鎖的と断定することも、「ジプシーは子どもをさらう」という根拠を欠いた思い込みも、当事者の大多数が不快に感じる「ジプシー」という他称の使用も再考されるべきである。

「ジプシー」は自称ロマを名乗り、ロマニ語という民族語など独自の文化を保持しつづけてきた少数民族である。だが、ほかの少数民族同様、ロマの文化も危機に直面している。

ユネスコが二〇一〇年に発表した『存続の危機にある世界の言語地図』によれば、消滅（ゼロ）から安全（五）までの六段階のうち、ロマニ語は「もはや子どもが母語として家庭で教わらない言語」、つまり「確実に存続の危機にある言語」の（三）に分類された（184）。

民族語の喪失はその民族の構成員であるというアイデンティティの消滅とも並行して進行するため、民族語とアイデンティティが廃れないようにと、世界各地のロマ組織はおもに若者が対象の無数のロマニ語学級を開設している。

ロマ民族独自の民族語をはじめとする民族文化の継承と、その保存は間違いなくとても大切である。しかし、民族構成員としてのアイデンティティの形成とその保持はさらに重要なのではないだろうか。

もっとも、見過ごされるべきでないことは、そのアイデンティティが「血統」に直結する必要性などまったくないということである。もちろん、そのことはだれしもが好き勝手に、自分はある被差別集団の構成員であると名乗れることを意味するものではない。そう名乗れる条件として、第一に自らのアイデンティティ、第二に多数派からのまなざし、そして第三に被差別集団諸文化のある程度の知識が必要となろう。

両親ともにロマ民族の出身でない、つまり「ジプシー研究者」の用語を借りれば「真のジプシー」でない人間が、ロマ社会の構成員になっている場合もある。その一例を紹介する。

父母ともに多数派オーストリア人の息子、つまり完全なるガジョ（非ロマ男性）のルキ（スィンティ名）ことヨーゼフ・マーテル（Martl Josef, 1950-2008）は、スィンティツァ（スィンティ女性）のギッタ・ケルンデルバッハ（旧姓）と一九七五年に結婚した。ちなみに、ギッタは先述のローザ・ウィンターの長女である。

「私たちの生活もおおむね軌道に乗り、ルキはわが家にうまく溶け込んでいきます。スィント（スィンティ男性）ではありませんが、ロマネス語（スィンティ語）を習い、スィンティの仕来りや習慣もじきに覚え、私の両親とマンゲルン（行商）にいくようにもなった」(185)。完全にスィンティ社会に統合されたガジョ出身の伴侶について、ギッタはそう追憶する。

ギッタとルキの娘ニコルが、一九七八年に生まれた。ニコルが小学校へ入学する一九八五年まで、マーテル家は行商の「旅」をつづけた。二五歳になったニコルは、「人間はすべてが平等で、スィンティがほかの人々よりも優れていても劣ってもいないと両親に教わっていたので、スィンティツァである自分を恥ずかしいと感じたこともなければ、それを表明するのが恐ろしいと思ったこともなかった」(186)と、スィンティツァとしての確固たるアイデンティティを表明する。

テレビ番組などで東欧諸国出身のロマ難民の人権擁護を訴えるニコルは、多数派社会の構成員から「ジプシー女」、もしくはスィンティツァとみなされている。特定の被差別集団の構成員であるというアイデンティティを自らが抱き、多数派社会のメンバーからもそうだと認識され、民族語など民族文化の知識があれば、その人物はその被差別集団の構成員に該当すると考える。ある被差別集団の構成員であるのかないのか、その決定権は第三者の行政機関、御用学者や多数派住民にあるのではなく、本人以外の誰にもない。ルキのようにロマ社会に統合・「同化」した非ロマ出身の新参者や流入者が、ロマ社会の多数派を構成しているわけではもちろんない。現在、ロマ民族構成員の圧倒的多数は、ニコルのような「混血者」なのである。

遺伝子検査はあるものの、特定の民族や被差別集団の血液が体内にどれだけ流れているのかを測定する術《すべ》はないうえ、その必要もまったくない。ある個人が自分自身をどう認識しているか、それこそが要だろう。もっとも、ニコルのようにスィンティという被差別集団の構成員としての確固たるアイデンティティを抱き、それをどうどうと表明する「混血者」は少数派だろう。

社会的不利を被る可能性が高まるため被差別集団の出自を隠蔽するか、それともその集団の構成員であることを誇りに差別社会に立ち向かうのか、そのどちらかの選択肢しかないように思う。前者は「出自が発覚しないだろうか」と不安の念に駆られる可能性が高いだろうし、後者に踏み切るためには相当の勇気を必要とする。だが、自分自身に打ち勝って後者を選択した場合、自らを精神的に解き放つことが可能になるのではないだろうか。もっとも、その困難な選択を実現に移す被差別集団の構成員はけっして多くなく、現実的にロマ民族構成員の多くはその出自を表明しない傾向がかなり強い。

「社会的な不利を被ることを恐れ、われわれ少数民族構成員の過半数はいまだに出自を隠す」(187)。

〈ドイツ・スィンティ・ロマ中央委員会〉委員長のロマニ・ローゼは、ベルリン工科大学〈反ユダヤ主義研究センター〉のウォルフガング・ベンツ所長との対談で二〇一三年四月にそう語った。

ロマやスィンティに対する多数派による差別がそれだけ厳しいということを、ローゼ発言は裏づけている。「ジプシー差別」は各国で歴然と残存する。その差別に抗議し、抵抗する権利はロマ民族にも当然ある。

スイスのジュネーヴで、一九七八年四月に開催された第二回〈国際ロマ会議〉で決定されたロマ民族の国際的反差別・人権獲得活動のスローガンは、〝OPRE ROMA!〟=「立ち上がれ、ロマ!」である。このスローガンを一人でも多くのロマ民族構成員が実践するのと同時に、疑問と感じられることもなく数百年間も受け継がれた「ジプシー」に対する無根拠の恐怖感・差別感や偏見を、一人でも多く多数派社会構成員が乗り越える努力をするよう期待する。それ以外、平和な多民族・多文化共生社会を実現する道はないからである。

注

（1）Johann Christian Christoph Rüdiger, "Von der Sprache und Hekunft der Zigeuner aus Indien" in: *Neuester Zuwachs der teutschen, fremden und allgemeinen Sprachkunde* Erstes Stück（第一巻）, Paul Gotthelf Kummer, Lepzig, 1782, pp. 37-84 → *Neuester Zuwachs der teutschen, fremden und allgemeinen Sprachkunde* Erstes Stück neue Auflage（第一巻再版）, Johann Gottfried Ruffen, Halle, 1796, pp. 37-84.

なお、言語学者ハラルト・ハールマンの解説つきでリュディガー論文は一九九〇年にハンブルクの出版から復刻された。

Harald Haarmann（Hg.）Joh. Chritian Christoph Rüdiger, *Von der Sprache und Herkunft der Zigeuner aus Indien Leipzig 1782*, Helmut Buske Verlag, Hamburg, 1990.

（2）ジュール・ブロック／木内信敬 訳『ジプシー』白水社、一九七三年、三〇ページ。

（3）ヤン・ヨァーズ／村上博基 訳『ジプシー』早川書房、一九六七年→一九七七年、一一ページ。

The Gypsies の原書初版（Simon and Schuster, New York,1967, p.9）にも"Jacob Carl Christoph Rüdiger"という名が記されているが、「ヤーコブ・カール・クリストフ・リュディガー」という名は確認できないため、著者ヨァーズの記憶違いと思われる。リュディガーの正確な名はヨーハン・クリスティアン・クリストフ・リュディガーである。

（4）田中克彦／H・ハールマン『現代ヨーロッパの言語』岩波新書、一九八五年、一六九ページ。
ハールマンが言及するビュットナーは本書三三ページ参照、残りふたりの研究者を紹介しよう。マルスデン（William Marsden, 1754-1836）は一七八五年にロンドンの古物研究家協会（The Society of Antiquaries）の機関誌『考古学（*Archaeologia*）』第七号に、「一般にジプシーと呼ばれる人びとの言語に関わる観察（"Observations on the Language of the People commonly called Gypsies" pp.382-386）」を発表したイギリスの言語学者である。

パラス（Peter Simon Pallas, 1741-1811）はロシアの帝国サンクトペテルブルク科学アカデミー（一七二四年創設）のドイツ出身の動物・植物学者で、一七八六年と八九年に『世界言語の比較事典』（*Linguarum totius orbis vocabularia comparativa*）全二巻を著し、同書で二〇〇言語に言及した。二〇〇番の言語が「ジプシー語（Züganski）」で、パラスはそれを一一言語に区分されるインド系言語の最後に含めた（注（19）、pp.79-80）。一七八一年から九六年にかけてサンクトペテルブルクで刊行された『新ノルド語論集（*Neue Nordische Beiträge*）』第三号は一七八二年の発行だが、同号にパラス論文「アストラハンに居住するインド人について」（"Etwas über die zu Astrachan wohnende Indianer", pp. 84-96）が掲載された。http://www.ub.uni-bielefeld.de/diglib/aufkl/browse/nnordbeyt/11782.html　ロシア南部の「アストラハンに住むインド人が使う言語に、ジプシー語にいくらか類似するいくつかの単語が含まれていることに気づいた」（p.96）との記述が同論にある。「ジプシーのインド起源」を突き止めた研究者としてパラスの名はロマ史関連の研究書に登場しないが、ハールマン教授はこのパラス論文のことをいったものと思われる。

（5）近藤仁之『スペインのジプシー』人文書院、一九九五年、二一ページ。

（6）アンガス・フレーザー／水谷驍 訳『ジプシー』平凡社、二〇〇二年、二五九ページ←Angus Fraser, *The Gypsies*, Blackwell Publishing, Oxford,1995, pp.193-194.

（7）ニコル・マルティネス／水谷驍・左地亮子 訳『ジプシー［新版］』白水社、二〇〇七年、三二ページ←Nicole Martinez, *Les Tsiganes*, Presses Universitaires de France, Paris, 1986, p. 15.
マルティネス言及の「ヤーコブ・ブライヤント」とはジェーコブ・ブライアント（Bryant Jacob, 1715-1804）だが、「ジプシー語語彙集（"Collections of the Zingara, or Gypsey Language", pp. 387-394）」を作成した言語学者で、その業績は上記マルスデン論文（注4）掲載と同じ一七八五年の『考古学』第七号で公表された。もっとも、「ジプシー語語彙」をブライアントが収集したのは、「一七七六年のウィンザーの祝祭市でのことだったと思われる」（Fraser, *The Gypsies*, p. 193→フレーザー／水谷 訳『ジプシー』、二五八～二五九ページ）、「ブライアントの研究は、一七七〇年代の末頃までに一応まとめられていたらしい。（…）したがってブライアントがジプシーのインド起源を知ったのはグレルマンに先立つこと数年になる」との推測に基づく主張もある（水谷驍『ジプシー史再考』柘植書房新社、二〇一八年、一四〇～一四一ページ）。イギリスの「ジプシー研究者」ジョン・サンプソン（Sampson John）執筆の『ジプシー協会雑誌』掲載論文、「ジェーコブ・ブライアントのイングランド系ロマニ語語彙集の検討、収集地域と時期についての考察、およびジプシーのインド起源最初の発見者がリュディガーではなくブライアントだったとの試論」（"Jacob Bryant : being an analysis of his Anglo-Romani vocabulary, with a discussion of the place and date of collection and an attempt to show that Bryant, not Rüdiger, was the earliest discoverer of the Indian origin of the Gypsies" in : *Journal of the Gypsy Lore Society* New Series Vol. IV, No. 3, January 1911, pp.162-194）が水谷著の出典である。だが、「ロマニ語をさまざまな言語と比較したドイツ人のリュディガーは一七七七年、ロマニ語がインドの言語にとても近いことを突き止めた。それと無関係にイギリス人のジェーコブ・ブライアントも、ロマニ語とヒンドゥスタン語の類似性に気づいた。その発見は一七八五年に出版された」（Eldra Jarman & A.O.H. Jarman, *The Welsh Gypsiers. Children of Abram Wood*（『ウェールズのジプシー。アブラム・ウッドの子どもたち』），University of Wales Press, Cardiff, 1991, p. 149）というのが真実である。リュディガー論文は一七八二年、グレルマン著初版は一七八三年、ブライアント論文は一七八五年が発行年である。

（8）杉山二郎『遊民の系譜―ユーラシアの漂泊者たち』河出書房新社、二〇〇九年、三〇六ページ。

（9）水谷驍『ジプシー史再考』柘植書房新社、二〇一八年、一四一～一四二ページ。

（10）金子マーティン「偏見の原点としての無知―現代社会学科学生のアンケートから」『日本女子大学紀要　人間社会学部』第三号、一九九三年三月、二八三ページ。

（11）Donald Kenrick, *The Romani World - A historical dictionary of the Gypsies*（『ロマニの世界―ジプシー歴史事典』），University of Hertfordshire Press, Hertfordshire, 2004 / Donald Kenrick, *The A to Z of the*

Gypsies（*Romanies*）（『ジプシー（ロマニ）のAからZまで』）, Scarecrow Press, Lenham / Toronto / Plymouth, 2010.

（12）グレルマンの生年については諸説があるが、グレルマンが生まれた大学町イェーナ（Jena）のプロテスタント教会の記録簿に「ハインリヒ・モーリッツ・ゴットリープ・グレルマン、一七五三年一二月七日誕生」と記載されている。Joachim Krauss, "Die Festschreibung des mitteleuropäischen Zigeunerbildes - Eine Quellenkritik anhand des Werkes von Heinrich M. G. Grellmann"（「中央ヨーロッパにおけるジプシー像の固定化—グレルマン著に基づいた史料批判」in : Wolfgang Benz（Hg.）*Jahrbuch für Antisemitismusforschung* 19（『反ユダヤ主義研究年報』第一九号）, Metropol Verlag, Berlin, 2010, p. 38.

（13）「一八世紀末（一七八〇）に独逸の言語学者ハ・エム・ゲー・グレルマンがジプシーによって話される言葉の数を調らべその語源が印度であり、印度の西北部で語られているスーラットの言葉であることが分かった。」（新居格『ジプシーの明暗』万里閣書房、一九三〇年、八〜九ページ）。

新居格（にい・いたる）新聞記者としてアナーキズムの立場から社会・文芸時評を発表した新居格（1888-1951）は日本初の「ジプシー研究者」だったと思われる。筆者がロマ民族について日本で最初に語る機会があったのは、一九八〇年一一月三日から一三日にかけて大阪と東京で開催された「国際人権シンポジウム」だったが、そのころの日本の「ジプシー研究者」は、木内信敬と相沢好則のふたりのみだったようである。

「ジプシーのインド起源説をはっきりと打ち出したのは、ドイツの言語学者ハインリヒ・グレルマンが最初であった」(木内信敬『青空と草原の民族―変貌するジプシー』白水社、一九八〇年、二八〜二九ページ)。

「ジプシーが日常使う単語のほとんど三分の一がインド起源の単語であることを見出したグレルマンは、ジプシーがインドから来たのは間違いない、と考えました」(木内信敬『ジプシーの謎を追って』筑摩書房、一九八九年、二九ページ)。

「一八世紀末にドイツのグレルマンが主として言語の研究に基づいて、ジプシーの起源はインドであると主張した」(相沢好則『ジプシー―受難漂泊の自然児』新地書房、一九八九年、一六一ページ)。

「グレルマンは、一七八三年ライプチヒで『ジプシー』という本を出版した。この本で彼は初めてジプシーの起源に関する、すべての疑いを晴らした。そして彼は、ジプシーがインド出身であることを証明し、彼らの言葉はヒンズー語と非常によく似ていると言った」(相沢好則『ロマ・旅する民族』八朔社、一九九六年、五七ページ)。

「ジプシーの起源という問題に的確な歴史言語学的分析をあてはめたのはグレルマンが最初で(…)、ヨーロッパのロマの起源をめぐる疑問を解決した」(イザベル・フォンセーカ/くぼたのぞみ訳『立ったまま埋めてくれ―ジプシーの旅と暮らし』青土社、一九九八年、一一二〜一一三ページ←Isabel Fonseca, *Bury Me Standing. The Gypsies and Their Journey*, Vintage Books, New York, 1995,

p. 87)。

「一七八三年、ドイツの言語学者グレルマンは、ドイツ語で書かれた著書のなかで、ジプシーがインド起源であることについてはじめて触れている」（アンリエット・アセオ／芝健介 監修、遠藤ゆかり 訳『ジプシーの謎』創元社、二〇〇二年、一一九ページ）。

「一七八三年、ゲッティンゲン大学のドイツ人ハインリッヒ・グレルマンが著書『ジプシー』を刊行して、ロマニ語とインド・アーリア語との比較を行ない、両者の一致する割合が多いことを、歴史言語学的な分析で明らかにした」（市川捷護『ジプシーの来た道』白水社、二〇〇三年、一三三ページ）

「ジプシーの生活と歴史、そして起源をはじめて学問的に考察したと称する書物が現れた。（…）ハインリッヒ・グレルマンが著した『ジプシー――ヨーロッパにおけるこの民族の生活と経済、習慣と運命、ならびにその起源にかんする一試論』である」（水谷驍『ジプシー――歴史・社会・文化』平凡社、二〇〇六年、六〇ページ）。

「一八世紀のゲッティンゲン大学のハインリッヒ・ゴットリーブ・グレルマンの著書『ジプシー』（一七八三年）が指摘した、（…）彼は言語的根拠からジプシーのインド起源説を主張した」（関口義人『図説　ジプシー』河出書房新社、二〇一一年、六〜七ページ）。

（14）Yaron Matras, "Die Sprache der Roma : Ein historischer Umriss"（「ロマの言語――その歴史的輪郭」）in : Yaron Matras / Hans Winterberg / Michael Zimmermann（Hg.）*Sinti, Roma, Gypsies - Sprache*

- *Geschichte - Gegenwart*（『スィンティ、ロマ、ジプシー——言語・歴史・現在』）, Metropol Verlag, Berlin, 2003, p. 235.

なお、ヤロン・マトラス所長のマンチェスター大学言語学研究所の研究者三人（Manuel Priego Thimmel, Karl Bernhardt, Annette Monreal）が、リュディガー論文の言語学的部分のみを「ジプシーのインド語族言語と起源」("On the Indic Language and Origin of the Gypsies")として一九九六年に英訳し、同研究所ホームページから無料ダウンロードできる。http://romani.humanities.manchester.ac.uk/downloads/1/ruediger_translation.pdf

（15）Yaron Matras, *The Romani Gypsies*（『ロマニ・ジプシー』）, Belknap Press of Harvard University Press, Cambridge/Massachusetts, 2015, pp. 28, 132-133.

なお、同書の書名「ロマニ・ジプシー」とは、「祖先が使ったロマニ語の語彙を使いつづけるイギリスの移動ロマの自称」（同書 , pp.15-16）とされている。

（16）Siegmund Andreas Wolf, *Großes Wörterbuch der Zigeunersprache*（*romani tšiw*）. *Wortschatz deutscher und anderer europäischer Zigeunerdialekte*（『ジプシー語大辞典（ロマニ語）—ドイツならびにヨーロッパ各地のジプシー方言語彙』, Helmut Busek Verlag, Hamburg, 1993, p. 18.

言語学者のスィークムント・ウォルフはナチスが政権を掌握した一九三三年までドイツ中部でスィンティとともに移動生活をし、ロマニ語を学んだ。だが、三六年にウォルフの蔵書がゲシュタポに没収され、〈人種優生学研究所〉所長の精神科医ロベルト・リッター（Ritter Robert,

1901-1951）に提供された（Eve Rosenhaft, "Wissenschaft als Herrschaftsakt : Die Forschungspraxis der Ritterischen Forschungsstelle und das Wissen über Zigeuner"（「支配の道具としての学問：リッター研究所の研究実践とジプシーについての知識」）in : Michael Zimmermann（Hg.）, *Zwischen Erziehung und Vernichtung. Zigeunerpolitik und Zigeunerforschung im Europa des 20. Jahrhunderts*（『教育と絶滅の狭間で。二〇世紀ヨーロッパにおけるジプシー政策とジプシー研究』）, Franz Steiner Verlag, Stuttgart, 2007, pp.335, 339）。第二次大戦後の一九六〇年一二月、リッターやその助手のエーヴァ・ユスティン（Justin Eva, 1909-1966）など、〈人種優生学研究所〉の元職員を「監禁致死罪」で告訴した原告団にウォルフもその名を連ねた。しかし、「時効」ということで裁判所は被告たちの起訴を見送った（Anita Geigges & Bernhard Wette, *Zigeuner heute. Verfolgung und Diskriminierung in der BRD*（『今日のジプシー。ドイツ連邦共和国における迫害と差別』）, Lamuv Verlag, Bornheim-Merten, 1979, pp. 367-372）。また、一九六〇年に初版が発行されたウォルフ著『ジプシー語大辞典』の序文はナチス体制下におけるロマ民族迫害の首謀者たち、リッターやユスティンなどに対する厳しい責任追及である（Siegmund Wolf, *Grosses Wörterbuch der Zigeunersprache*, Helmut Buske Verlag, Hamburg, 1987, pp. 24-26）。リュディガー、ヤン・ヨァーズやウォルフのように実際にロマと接した体験のある研究者たちは、それを回避した論者と比べて、「ジプシー」に対する偏見や差別意識を比較的容易に乗り越えられたものと思われる。

（17）Anthony Sampson, *The Scholar Gypsy - The Quest for a Family Secret*（『ジプシー学者―家族のある秘

密の追究』）, John Murray Publisher, London, 1997, p. 31.

ジョン・サンプソンはウェールズ・ロマのエドワード・ウッド（Wood Edward, 1838-1902）からロマニ語を教わったが、ウェールズ・ロマの血も引くエルドラ・ジャーマン（Jarman Eldra, 1917-2000）とウェールズ語研究者のアルフレッド・オーエン・ヒュージェス・ジャーマン（Jarman Alfred Owen Hughes, 1911-1998）の共著『ウェールズのジプシー。アブラム・ウッドの子どもたち』（*The Welsh Gypsies. Children of Abram Wood*, University of Wales Press, Cardiff, 1991, p. 149）にもリュディガーについて同内容の記述がある。なお、一八世紀生まれのアブラム・ウッド（Wood Abram, ?-1799）はイギリスからウェールズへ移住したウェールズ・ロマの元祖だった。

（18）ジョン・サンプソンの代表作『ウェールズ地方のジプシー方言』（*The Dialect of the Gypsies of Wales*, Clarendon Press, Oxford, 1926）は、一九六八年にオックスフォード大学出版会（Oxford University Press）から復刻された。また、世界最古の「ジプシー研究機関」である「ジプシー伝承協会（Gypsy Lore Society, 一八八八年創設）」の機関誌『ジプシー伝承協会雑誌』にサンプソンがマシュー・ウッド（Wood Matthew, 1845-1929）から聞き取った「ウェールズ地方のジプシー民話」が数回掲載された。サンプソン没後、助手のイェーツ・ドーラ（Yates Dora, 1879-1974）が恩師収集のウェールズ・ロマ民話を『ジョン・サンプソン収集のウェールズ・ジプシー民話二一篇』（Yates Dora（ed.）*XXI Welsh Gypsy Folk Tales Collected by John Sampson*, Gregynog Press, Newtown, 1933）を編集、ロンドンのロビンソン出版（Robinson Publishing）が一九八四年に復刻した。その日本語訳『ジプシーの民話―ウェールズ地方』）（庄司浅水 訳、岩崎美術社、一九七一年→社会思想社、一九九一年）がある。

（19）Fiedrich von Adelung, *Catherinens der Grossen Verdienste um die vergleichende Sprachkunde*（『エカチェリーナ女帝による比較言語学への貢献』）, Helmut Buske Verlag, Hamburg, 1976, pp. 24, 30（復刻版、原書は一八一五年発行）。

（20）Ulrich Friedrich Opfermann,"*Sey kein Zigeuner,sondern kayserlicher Cornet -Sinti im 17. und 18. Jahrhindert. Eine Untersuchung anhand archivalischer Quellen*"（『ジプシーであるよりも、皇軍兵士になれ』―古文書に基づいた一七世紀と一八世紀のスィンティに関する研究』）, Metropol Verlag, Berlin, 2007, p. 31.

リュディガーの情報提供者バーバラ・マケリンが、ロマニ語を洗いざらい公表したかどうかは疑問が残る。なぜなら、現時点においてもスィンティは自分たちの言語を非ロマが学ぶことを極度に嫌う傾向にあるからである。「私たちスィンティ側としては公共機関、たとえば市民大学や一般の学校がロマネス語の講座を開設することに賛成しかねます。というのは、スィンティの言語を学び、その社会に入り込み、スィンティを裏切ってその子どもたちをナチスに売り渡した人種優生学者たちがいたからです」（ルードウィク・ラーハ 編著／金子マーティン 訳『私たちはこの世に存在すべきではなかった』凱風社、二〇〇九年、二四七ページ）。一九七八年生まれのスィンティ女性ニコル・マーテルが二〇〇四年に公表した意見。なお、ロマニ語をスィンティ方言ではロマネス（Romanes）という。

（21）Franz Miklosich, *Über die Mundarten und Wanderungen der Zigeuner Europa's* VI（『ヨーロッパ・ジプシーの方言と移動』第六冊）, Karl Gerols's Sohn, Wien, 1876, pp. 62-63.

もっとも、「アッィンガノイ」の「不可触民」と異なる別の解釈、「他者に触れたがらない人びと」もある。「不浄とされる者に触れることを禁忌事項とし、ロマに属さない『不潔な者』との密接な接触を避けるロマの儀礼的清浄感をその言葉は表している」("Geschichte der Roma"「ロマ史」, p. 2)、in : ROMBASE - Didactically edited information on Roma（『ロムベース—ロマに関する学問的情報』）

http://rombase.uni-graz.at/ped/data/his.de.pdf

（22）Spangenberg Cyriacus,"Sächsische Chronica"in:Reimer Gronemeyer, *Zigeuner im Spiegel früher Chroniken und Abhandlungen. Quellen vom 15. Bis zum 18. Jahrhundert*（『早期の年代記と論文に登場したジプシー。一五世紀から一八世紀の史料』）, Focus Verlag, Gießen, 1987, p. 38.

（23）Wolfgang Wippermann, *Rassenwahn und Teufelsglaube*（『人種的優越妄想と悪魔信仰』）, Frank & Timme, Berlin, 2005, p. 127.

（24）Aventinus,"Annales Boiorum" in: Reimer Gronemeyer,*Zigeuner im Spiegel früher Chroniken und Abhandlungen. Quellen vom 15. Bis zum 18. Jahrhundert*(『早期の年代記と論文に登場したジプシー。一五世紀から一八世紀の史料』), in : Focus Verlag, Gießen, 1987, pp. 28-29.

『バイエルン年代記（*Annales Boiorum*）』掲載のこの史料英訳が、アンガス・フレーザー著『ジプシー』に載っている。同書の水谷驍日本語訳：「トルコ帝国とハンガリーの国境地帯に住むさまざまな人間の澱であり水垢であるあの泥棒種族（ツィゲニと呼ばれる）が、ツィンデロという名の彼らの王に率いられてわが各州をさまよいはじめた。（…）私が体験から知るところ、彼らはヴェンド語を使い、裏切り者でありスパイである」（フレーザー／水谷 訳『ジプシー』一二四ページ）。最新の自著でも水谷は同史料を紹介、「ヴェンド語」を説明する（水谷『ジプシー史再考』九三〜九五ページ）。フレーザー著に "Wendish language"（Fraser, *The Gypsies*, p. 85）との記述があるので、水谷訳は正しい。さらに「『ヴェンド語』とは、ドイツ東部（…）に居住するソルブ人というスラヴ系少数民族が使った言葉」との水谷の説明も正しい。だが、フレーザーは原史料を誤読、それを水谷は未確認のまま忠実に翻訳した。『バイエルン年代記』に "Wendish language" の文字はなく、アヴェンティヌスは "Venedica lingua" ＝ヴェネト語と記し、同語をイタリック書体で強調した（本書一二四ページ：右半分最上列右端参照）。『バイエルン年代記』原文："Experimentis cognoui, eos vti *Venedica lingua*, & proditores atque exploratores effe" ＝「彼らがヴェネト語を使い、裏切り者でスパイであることを、私は証拠によって知った」（バイエルン州立図書館が *Annales Boiorum* をデジタル化）。ラテン語の *experimentis* は英語の experience、つまり「体験」と無関係で、"experiment" のことなので「実験に基づいて」、あるいは「証拠によって」と訳されるべきである。ヴェネト語とはイタリア北部、ヴェネツィア共和国（六九七〜一七九七年）の公用語である。

　ヴェネツィア共和国は自国の東部に位置するバルカン半島諸国や地中海東部、現在の国名でスロヴェニア、クロアティア、モンテネグロ、アルバニア、ギリシアとキプロスの広範な地域を植民地化した。ギリシアのペロポネソス半島が散発的にオスマン帝国の支配下にあった中断を除けば、その地域は長期にわたってヴェネツィア共和国の領土でありつづけた。中世にヨーロッパから「聖地」パレスティナへ赴いた巡礼者たちはギリシアを経由した。ペロポネソス半島のモドン（Modon）という港町の城壁外に「ジッペ（Gyppe）」と呼ばれた「ジプシー村」があると記された旅行記は多い。ちなみに、「ジッペ」は「小エジプト」という意味である（"Byzanz" in : ROMBASE - UniGraz, http://romani.uni-graz.at./rombase/）。コンラート・グリュネムベルク（Grünemberg Konrad, 1442-1494）：「われわれがハイデン（＝異教徒）とも呼ぶジプシーが暮らすアシで葺いた土壁の小屋三〇〇戸ほどがモドンの町の外側にある」（*Ritter Grünembergs Pilgerfahrt ins Heilige Land 1486*, Voigtländer Verlag, Leipzig, 1912, p. 46）。ベルンハルト・フォン・ブライデンバッハ（Breidenbach von Bernhard, 1440-1497）：「町外れに三〇〇軒を上回る小さな家が乱立している。そこの住人はムーア人のように黒くて醜い貧乏人で、最近ドイツへもやってくるようになったツィゴイナーにそっくりである」（Reimar Gilsenbach, *Weltchronik der Zigeuner* Teil 1, pp. 103, 239）。モドンの地名そのものがヴェネト語で、ギリシア語の地名はメトニ（Methoni）という。フレーザーも「ヴェネツィアの植民地モドン（メトニ）」と書き、水谷訳書も「ヴェネツィア植民地モドン（メトニ）」とする。いずれにせよ、ドイツ東部のヴェンド語よりも、宗主国の言語ヴェネト語を「ジプシー」が使った可能性がはるかに高いと思われるが、アヴェンティヌスが使った"Venedica lingua"は、「理解不能な外国語」と解釈されるべきと考える。オランダの画家エアハルト・ロイウィッヒ（Reuwich

Erhard, 1445-1505）が描いた遠方に「ジプシー村」が見える挿絵もブライデンバッハの旅行記に載っている。そのスケッチはフレーザー著にも水谷訳書にも掲載されているが、その画家の名Erhard をフレーザーは Eberhard と不正確に記し、水谷訳書でも「エーベルハルト」、くわえるにその画家をフレーザーは「ドイツの画家」と記し、水谷訳書も「ドイツの画家」を繰り返す。歴史家で史料編纂者のヨハネス・トゥルマイアの名 Johannes もフレーザーは Johann と不正確に記し、水谷訳書でも「ヨーハン」である。欧米の研究者による記述であれば少しも疑わず、検証することもなく、すべてを鵜呑みにして直訳する、それが水谷流翻訳法のようだ。「もともとの出典にまでさかのぼって点検することなしに誰かの説を鵜呑みにしてくり返すのは、えせ学者の特徴である」（イアン・ハンコック／水谷驍 訳『ジプシー差別の歴史と構造』彩流社、二〇〇五年、二四六ページ）。ロマ出身の言語学者で水谷と同年齢のテキサス大学名誉教授イアン・ハンコックがそう指摘したが、ハンコック著日本語訳者はその重要な指摘を忘却したようである。フレーザーを「ジプシー問題の当代随一の研究家」と水谷は高く評価するが、客観的に判断してフレーザーは原史料誤読や検証不足などが目立つ注意力散漫な研究者と指摘せざるを得ない。

（25）Johann Heinrich Zedler, *Grosses vollständiges Universal-Lexikon aller Wissenschaften und Künste* Band 62 *Zeu - Zi*（『あらゆる分野の学術・芸術世界大百科事典』第六二巻 ツォイ～ツイ）、Verlag Johann Heinrich Zedler, Halle und Leipzig, 1749, p. 525 = http://www.zedler-lexikon.de/

（26）Johann Christoph Wagenseil, "Buch von der Meister-Singer Holdseligen Kunst"（「職匠歌人の優美な芸

術に関する本」）, Kohlesius, Altdorf, 1697, pp. 446-448 in : Horst Brunner（Hg.）, *Litterae - Göppinger Beiträge zur Textgeschichte* Nr. 38（『ゲッピンゲン古文書研究』第三八号）, Verlag Alfred Kümmerle, Göppingen, 1975（複写本、原書は一六九七年発行）。

（27）Reimar Gilsenbach, *Weltchronik der Zigeuner - Teil 1 : Von den Anfängen bis 1599*（『ジプシー世界年代記―第一部：その発端から一五九九年まで』）, Peter Lang, Frankfurt am Main, 1997, pp. 55-56, 162.

旧東ドイツ唯一のロマ研究者だったライマー・ギルゼンバッハ（Gisenbach Raimar, 1925-2001）は、全四部構成の『ジプシー世界年代記（*Weltchronik der Zigeuner*）』を企画して世界各地の史料を収集した。しかし、二〇〇一年一一月に急逝したため二部と三部は未完である。

（28）Christian Wilhelm von Dohm, *Über die bürgerliche Verbesserung der Juden*（『ユダヤ人の市民的改善について』）, Friedrich Nicolai, Berlin / Stettin, 1781, pp. 87-88.

当時の「オーストリア政府」の為政者は啓蒙主義者で神聖ローマ帝国皇帝ヨーゼフ二世（Joseph II, 1741-1790, 在位一七六五～一七九〇年）だが、ヨーゼフ二世は実母の女帝マリア・テレーズィア（Maria Theresia, 1717-1780, 在位一七四五～一七六五年）が遂行した「ジプシー同化政策」を引き継いだ。マリア・テレーズィアは暴力的手段による「ジプシー」の「文明化」、つまり農民化および就学・徴兵・納税などの義務強要を試みた。また、「ジプシー」の移動を困難にするため馬や家馬車の所有を禁じ、屈辱的な呼称「ツィゴイナー」を「新農民（Neubauer）」に改め、ロマに農地を分け与え、定住化させて農業に従事させる法体系を一七五八年から六七年にかけて整備した。

さらに七三年からはロマの子どもを親元から強制的に引き離し、敬虔なカトリック教徒の家庭に養子としてあずけ、「まともな人間」に育て上げようとする非文明的な政策も執った。息子のヨーゼフ二世は農奴制廃止、ユダヤ人寛容令や「ジプシー寛容令」（一七八一年）の発布など、さまざまな啓蒙主義的政策を実施したものの、異文化に対する理解が欠如したため、「ジプシー寛容令」発布二年後の一七八三年から「ジプシー語」の使用を全面的に禁じた。（拙論「ブルゲンラント・ロマ小史」、加賀美雅弘 編著『「ジプシー」と呼ばれた人々―東ヨーロッパ・ロマ民族の過去と現在』学文社、二〇〇五年、一六一～一六二ページ）。

（29）Anonym, "Beschluß der Abhandlung von den Zigeunern in dem Temeswarer Bannat"（「テメシュヴァール・バナト地域のジプシーに関する論文のしめくくり」）, in : *Neueste Mannigfaltigkeiten* 158ste Woche（『最新の多様性』第一五八週）, Berlin, 1781, p. 24.

（30）Heinrich Moritz Gottlieb Grellmann, *Historischer Versuch über die Zigeuner betreffend die Lebensart und Verfassung Sitten und Schicksale dieses Volks seit seiner Erscheinung in Europa, und dessen Ursprung*（ハインリヒ・モーリッツ・ゴットリープ・グレルマン『ヨーロッパに登場してからのジプシーの生活様式、心身状態、慣習と運命、およびその民族の起源についての歴史的試論』（Johann Christian Dietrich, Göttingen, 1787）復刻版：Kessinger Publishing, La Vergne, 2010.

（31）Heinrich Moritz Gottlieb Grellmann［trans. Matthew Raper］, *Dissertation on the Gipsies, being an Historical Enquiry, concerning the Manner of Life, Œconomy, Customs and Conditions of these People in Europe, and their Origin*（ハインリヒ・モーリッツ・ゴットリープ・グレルマン／マシュー・ラッパー 訳『ジプシーについての博士論文、ヨーロッパンにおけるそれらの人びとの生活様式、経済、習慣と状態に関する史的研究、ならびにその起源について』）, Printed by G. Bigg, London, 1787）復刻版：Adamant Medis Corporation, Chestnut Hill, 2005.

また、一八〇七年にも書名をいくらか変えたグレルマン著の英訳本が発行された。Heinrich Moritz Gottlieb Grellmann［trans. Matthew Raper］, *Dissertation on the Gipseys: Representing their Manner of Life, Family Economy, Occupations & Trades, Marriages & Education, Sickness, Death & Burial, Religion, Language, Sciences & Arts, etc. with an Historical Enquiry Concerning their Origin & First Appearence in Europe*（ハインリヒ・モーリッツ・ゴットリープ・グレルマン／マシュー・ラッパー 訳『ジプシーについての博士論文：その生活様式、家族経済、職と商売、結婚と教育、病気、死と埋葬、宗教、言語、手腕と技術などの描写。ヨーロッパにおけるその初出現についての史的研究』, Printed by William Ballintine, London, 1807）復刻版：Nabu Press, Charleston, 2013.

（32）Klaus - Michael Bogdal, *Europa erfindet die Zigeuner - Eine Geschichte von Faszination und Verachtung*（『ジプシーを創造したヨーロッパ―魅了と軽蔑の歴史』）, Suhrkamp Verlag, Berlin, 2011, p. 162.

なお、スペイン・フランス・イタリアの文学における「ジプシー女」像を研究した文学史研究者ハンス＝ディーター・ニーマントの博士論文（一九五四年提出）復刻で、「グレルマン著は六カ国のヨーロッパ言語に訳された」（Hans-Dieter Niemandt, *Die Zigeuerin in den romanischen Literaturen*

（『ロマンス系言語の文学におけるジプシー女』）, Peter Lang, Frankfurt am Main, 1992, p. 192）と記されているが、その主張の確認はできない。

（33）Joachim Hohmann, *Geschichte der Zigeunerverfolgung in Deutschland*（『ドイツにおけるジプシー迫害史』）, Campus Verlag, Frankfurt / Main, 1988, pp. 44-47.

ヨーアヒム・ホーマン（Hohmann Joachim, 1953-1999）はドイツの代表的ロマ研究者のひとりだが、リュディガーに関する言及は同書に一切ない。

管見では「ジプシー」関連のドイツ語図書でリュディガーに言及した早い例は、本書注（50）の Thomas Münster, *Zigeuner-Saga. Von Geigern, Gauklern und Galgenvögeln*（『ジプシー散文。ヴァイオリニスト、ペテン師とならず者について』）, Verlag Herder, Freiburg, 1969.）だろう。また、「西ヨーロッパの学者がロマニ語をインド系言語に分類したのは、一七六〇年代の聖職者シュテファン・ヴァーリにはじまり、数年後にヤコブ・リュディガーがそれを論文としてまとめた」というロマ人権運動活動家グラタン・パクソンの記述も、リュディガーに言及した早い例だろう（Grattan Puxon, "Romani čhib - Die Romani-Sprachbewegung"〔ロマニ・チップ—ロマニ語運動〕, in : Tilman Zülch（Hg.）*In Auschwitz vergast, bis heute verfolgt*〔『アウシュウィッツで毒ガス殺され、現在も迫害される』〕所収, Rowohlt Taschenbuch Verlag, Reinbeck bei Hamburg, 1979, p. 281）。リュディガーの名前の表記は正確でないが、母親がギリシア出身のロムニ（ロマ女性）で一九三九年にイギリスで生まれたパクソンは、国際的なロマ人権運動の中心的活動家のひとりであり、一九七一年四月にロンドンで開催された第一回〈国際ロマ会議〉の呼びかけ人でもあった。
（34）Grellmann、前掲注（30）、pp. 42-60.
（35）同上、pp. 118-126.
（36）Wolfgang Wippermann, "*Wie die Zigeuner*". *Antisemitismus und Antiziganismus im Vergleich*（『「ジプシーのように」。反ユダヤ主義と反ジプシー主義の比較』）, Elefanten Press, Berlin, 1997, p. 98.
（37）Katrin Ufen, "Aus Zigeunern Menschen machen - Heinrich Moritz Gottlieb Grellmann und das Zigeunerbild der Aufklärung"（「ジプシーを人間に変革する―ハインリヒ・モーリッツ・ゴットリープ・グレルマンと啓蒙主義時代のジプシー像」）in : Wolf Hund（Hg.）*Zigeuner - Geschichte und Struktur einer rassistischen Konstruktion*（『ジプシー―人種差別主義的な構築物の歴史と構造』）, Duisburger Institut für Sprach- und Sozialforschung, Duisburg, 1996, p. 69.
（38）Wolfgang Benz, Sinti und Roma: *Die unerwünschte Minderheit - Über das Vorurteil Antiziganismus*（『スィンティとロマ：招かれざる少数民族―反ジプシー主義という偏見について』）, Metropol Verlag, Berlin, 2014, p. 213.
（39）Reimer Gronemeyer, *Zigeuner im Spiegel früher Chroniken und Abhandlungen. Quellen vom 15. bis zum 18. Jahrhundert*（『早期の年代記と論文に登場したジプシー。一五世紀から一八世紀の史料』）, Focus Verlag, Gießen, 1987, p. 7.
（40）Wim Willems, *In Search of the True Gypsy - From Enlightenment to the Final Solution*（『真のジプシー

を探し求めて―啓蒙主義時代から最終解決策まで』）, Frank Cass Publishers, London, 1997, p. 62.
なお、同書第二章は「啓蒙主義時代の歴史家ハインリヒ・モーリッツ・ゴットリープ・グレルマンとその資料」と題するグレルマンに関する詳細な研究だが、著者のウィム・ウィレムスが、「ジプシーは『さまざまな起源の雑多な下層民』であり、長いあいだに著述家や政治家によってそのアイデンティティが『作り上げられた』ヨーロッパの地元民である」（イアン・ハンコック／水谷驍訳『ジプシー差別の歴史と構造』彩流社、二〇〇五年、二七三ページ）と唱える代表的「インド起源否定論者」であるため、ロマ民族研究者はウィレムス著を厳しく批判する。

（41）Wolf、前掲注（16）、p. 39.

（42）Katrin Reemtsma, *Sinti und Roma - Geschichte, Kultur, Gegenwart*（『スィンティとロマ―その歴史、文化、現状』）, Verlag C. H. Beck, München, 1996, p. 70.

（43）Claudia Breger, "Heinrich Moritz Gottlieb Grellmann - Überlegungen zu Entstehung und Funktion rassistischer Deutungsmuster im Diskurs der Augklärung"（「ハインリヒ・モーリッツ・ゴットリープ・グレルマン―啓蒙主義時代における人種主義的解釈の発生とその機能に関する論議についての一考察」）in : Barbara Danckwortt / Thorsten Querg / Claudia Schöningh（Hg.）, *Historische Rassismusforschung - Ideologen - Täter - Opfer*（『人種主義の史的研究―唱導者、加害者、被害者』）所収, Argument- Verlag, Hamburg, 1995, pp. 36, 62.

（44）Becky Taylor, *Another Darkness, Another Dawn - A History of Gypsies, Roma and Travellers*（『異なる暗黒、

異なる夜明け―ジプシー、ロマとトラヴェラーの歴史』）, Reaktion Books, London, 2014, pp. 98-99.

（45）Vera Kallenberg, *Von"liderlichen Land-Läuffern" zum"asiatischen Volk" - Die Repräsentation der"Zigeuner" in deutschsprachigen Lexika und Enzyklopädien zwischen 1700 und 1850*（『「ふしだらな放浪者」から「アジア民族」へ―一七〇〇年から一八五〇年にかけて出版されたドイツ語の事典と百科事典における「ジプシー」の紹介』）, Peter Lang, Frakfurt am Main, 2010, p. 136.

（46）Claudia Berger, "Grellmann - der 'Zigeunerforscher' der Aufklärung"（「グレルマン―啓蒙主義時代の『ジプシー研究者』」in : Udo Engbring-Romang & Daniel Strauß（Hg.）, *Aufklärung und Antiziganismus* Band 1（『啓蒙主義と反ジプシー主義』第一巻）, Gesellschaft für Antiziganismusforschung, Seeheim, 2003, p.54 & Wolfgang Wippermann, *Rassenwahn und Teufelsglaube*（『人種的優越妄想と悪魔信仰』）, Frank & Timme Verlag, Berlin, 2005, p. 96.

（47）Yaron Matras, "Johann Rüdiger and the Study of Romani in 18th Century Germany"（「ヨーハン・リュディガーと一八世紀ドイツにおけるロマニ語の研究」）in : *Journal of the Gypsy Lore Society* fifth series 9（『ジプシー伝承協会ジャーナル』第五巻第九号）, Gypsy Lore Society, Cheverly, 1999, Matras, pp. 90-91.

（48）Wilhelm Solms, *Zigeunerbilder - Ein dunkles Kapitel der deutschen Literaturgeschichte. Von der frühen Neuzeit bis zur Romantik*（『ジプシー像―一六世紀初期から一九世紀初期にかけてのドイツ文学史の暗い一章』）, Verlag Königshausen & Neumann, Würzburg, 2008, p. 121.

（49）Wim Willems, "Außenbilder von Sinti und Roma in der frühen Zigeunerforschung"（『ジプシー研究初期におけるスィンティとロマの表象』）in : Jaqueline Giere（Hg.）*Die gesellschaftliche Konstruktion des Zigeuners - Zur Genese eines Vorurteils*（『ジプシーの社会的構築―ある偏見の発生』）, Campus Verlag, Frankfurt / Main, 1996, p. 88.

（50）Thomas Münster, *Zigeuner-Saga. Von Geigern, Gauklern und Galgenvögeln*（『ジプシー散文。ヴァイオリニスト、ペテン師とならず者について』）, Verlag Herder, Freiburg, 1969, pp. 29-30.

（51）Mozes Heinschink, "E Romani Čhib - Die Sprache der Roma"（『ロマニ語』）in : Mozes Heinschink & Ursula Hemetek（Hg.）, *Roma das unbekannte Volk. Schicksal und Kultur*（『未知の民族ロマ―その運命と文化』）, Böhlau Verlag, Wien / Köln / Weimar, 1994, pp. 110-111.

なお、ハインシンクは二〇〇五年に来日、「ロマ社会における女性と家族について」と題する講演を反差別国際運動の東京事務所でおこなった（鈴木真佐子「ロマ社会における女性と家族について」『ＩＭＡＤＲ通信』№137、反差別国際運動日本委員会、二〇〇五年六〜七月、五ページ）。

（52）Wippermann、前掲注（36）、p. 97.

（53）Opfermann、前掲注（20）、p. 51.

（54）Fraser、前掲注（6）、p. 190 → フレーザー／水谷 訳、二五六ページ。

（55）同上、p. 191 → 四六一〜四六二ページ。

（56）Willems、前掲注（40）、p. 89.

（57）Samuel Augustini ab Hortis, *Cigáni v Uhorsku / Zigeuner in Ungarn*［*1775*］（『ハンガリーのジプシー（一七七五年）』），Štúdio Bratislava, Bratislava, 1994.

（58）Viera Urbancová, "Samuel Augustini ab Hortis und seine vergessene Monographie über die Zigeuner in Ungarn"（「サムエル・アウグスティニ・アブ・ホルティスの忘れ去られたハンガリーのジプシーについての論文」），in : 同上、p. 99.

（59）Emilia Horvathová, "Nachwort"（「あとがき」），in : 同上、p. 190.

（60）"Herkunft der Roma"（「ロマの起源」）p. 1, in : ROMBASE - Didactically edited information on Roma（『ロムベースーロマにかんする学問的情報』）。http://rombase.uni-graz.at/cgi-bin/art.cgi?src=data/hist/origin/origin.de.xml

（61）Samuel Augustini ab Hortis, "Von der Sprache der Zigeuner"（「ジプシーの言語について」），in: *Allergnädigst-priviligierte Anzeigen aus sämtlich kaiserlich-königlichen Erbländern*, Jahrgang 6（『ウィーン告知』第六巻＝一七七六年度刊行分）,13. März 1776（一七七六年三月一三日），Wien, p. 88.

（62）Grellmann、前掲注（30）、p. 281. Grellmann' 前掲注（31）、p.223-224.

（63）Ian Hancock, "The Hungarian student Vályi István and the Indian connection of Romani"（「ハンガリー人学生ヴァールィ・イストヴァンおよびロマニ語とインドとの関係」）in : *Danger ! Educated Gypsy - Selected Essays*（『危険！　教養あるジプシーーイアン・ハンコック論文選集』），University of Hertfordshire Press, Hertfordshire, 2010, p. 49.

(64) 同上、pp. 52-53.
史料『ウィーン告知』の「シュテファン・ヴァーリ」の名をハンコックがなぜ「イストヴァン・ヴァールイ」としているのか、説明がないため不明である。

インドの言語学者ウェル・ラジェンドラ・リシ(Rishi Weer Rajendra, 1917-2002)はインド・パンジャブ州の州都チャンディーガルで「インド・ロマニ語研究所(Indian Institute of Romani)」を設立、その所報『ロマ(Roma)』の一九九二年号に掲載されたハンコック論文が初出だが、同論は前掲注(63)の『論文選集』に転載された。「引用することもなく、拙論の内容をウィレムスは一九九七年発行の自著(pp. 57-59)で書き写した」とハンコックは批判するが、その指摘のとおりウィレムス著『真正のジプシーを探し求めて』の該当ページはハンコック論文の忠実な書き写しである。
(65) Matras、前掲注(15)、p. 188.
(66) Willems、前掲注(40)、p. 65.
(67) Grellmann、前掲注(30)、p. 11.
(68) Rüdiger、前掲注(1)、p. 46.
(69) Grellmann、前掲注(30)、p. IX.
(70) 同上、pp. 283-284.
(71) 同上、p. XIV.

(72) マイクロフィルム GSA6 / 659, 史料 14 in : Goethe- und Schiller-Archive, Weimar.
(73) コトバンク「折丁」https://kotobank.jp/word/%E6%8A%98%E4%B8%81-455325
(74) Grellmann、前掲注(30)、p. 194.
(75) 同上、p. 187.
(76) 同上、pp. 327-342.
なお、ハンガリーの作曲家フランツ・リスト(Liszt Franz, 1811-1886)著『ジプシーとハンガリーにおけるその音楽(*Des Bohémiens et de leur musique en Hongrie*)』が一八五九年にパリで発行され、二年後に作曲家ペーター・コルネリウス(Cornelius Peter, 1824-1874)がそのドイツ語訳 *Die Zigeuner und ihre Musik in Ungarn*(Verlag von Gustv Hackenast, Pesth, 1861)を発表した。「ジプシーの起源はインドの種族にあり、不可触賤民がその祖先だとみなされる」(p. 84)とリストも主張した。
(77) 市川捷護『ジプシーの来た道―原郷のインド・アルメニア』白水社、二〇〇三年、一〇六ページ。
なお、市川捷護はDVD「ジプシーのうたを求めて」(ビクターエンタテイメント、二〇〇二年)をプロデュースした。
(78) Siegmund Wolf, "Von der Romanes-Philologie zur Sinte-Forschung"(「ロマニ語文献学からスィンティ研究へ」[初出:一九八一年] in : Joachim Hohmann(Hg.), *Handbuch zur Tsiganologie*(『ジプシー学ハンドブック』所収), Peter Lang, Frankfurt am Main, 1996, p. 123.
(79) Wolf、前掲注(16)、p. 41.

（80）August Friedrich Pott, *Die Zigeuner in Europa und Asien - Ethnographisch-linguistische Untersuchung*. Erster Theil（『ヨーロッパとアジアのジプシー―民族誌・言語学的研究』第一部）, Verlag Ed. Heynemann, Halle, 1844, pp. 17-18.

（81）Grellmann、前掲注（30）、p. XIV.

（82）Gilsenbach、前掲注（27）、pp. 62-63.

（83）Wolfgang Jäger, *Geographisch- historisch- statistisches Zeitungs-Lexicon* Zweiter Theil M - Z（『地理学・歴史学・統計学・新聞事典 第二部　M～Z』）, Verlag Ernst Christoph Grattenauer, Nürnberg, 1784, pp. 984-985.

（84）Pott、前掲注（80）、p. 13.

（85）Kurt Röttgers, *Kants Kollege und seine ungeschriebene Schrift über die Zigeuner*（『カントの同僚と書かれなかった彼のジプシーについての論文』）, Manutius Verlag, Heidelberg, 1993, p. 55.

（86）同上、p. 54.

（87）Johann Erich Biester, "Über die Zigeuner; besonders im Königreich Preußen"（「ジプシーについて―とりわけプロイセン王国において」in : *Berliner Monatsschrift* Nr. 21（『月刊ベルリン』第二一号）Berlin, 1793, p. 364 → Universitätsverlag Winter, Heidelberg, 2014, p. 66（復刻）。

（88）同上、p. 151 → p. 45（復刻）。

（89）同上、pp. 108-109 → pp. 2-3（復刻）。

（90）Michail Krausnick & Daniel Strauß, *Von Antiziganismus bis Zigeunermärchen - Informationen zu Sinti und Roma in Deutschland*（『A［反ジプシー主義］からZ［第二の罪］まで―ドイツのスィンティとロマに関する情報』）,Landesverband Deutscher Sinti und Roma Baden Württemberg, Mannheim, 2008, p. 102.

（91）一九二二年生まれのスィンティ女性、フィロメナ・フランツ（Franz Philomena）が、ドイツ連邦共和国ノルトライン・ヴェストファーレン州ロェスラット市で一九九〇年七月一五日に証言（金子マーティン編『「ジプシー収容所」の記憶―ロマ民族とホロコースト』岩波書店、一九九八年、一一一ページ）。

また、ジャズ・スィンガーで一九七五年生まれのスィンティ女性、ドッチ・ラインハルト（Reinhardt Dotschy）も「ジプシーという蔑称で呼ばれたインドからの避難民たちは、その故郷の地名を自称として使った」と書いている（Dotschy Reinhardt, *Gypsy - Popkultur zwischen Ausgrenzung und Respekt*［『ジプシー―排除と敬意のはざまのポップ・カルチャー』］, Metrolit Verlag, Berlin, 2014, p. 187）。

（92）Gilsenbach、前掲注（27）、p. 143.

スィンティというドイツでのロマ民族下部集団の自称の初見を、ギルゼンバッハが探し求めたこと自体は重要だろう。なぜなら、あらゆる少数民族はその自称で呼ばれるべきだと考えるからである。だが、それがドイツで実現したのは当事者による自主的自助組織による反差別・市民権獲得運動が活発化し、他称の使用に対して抗議を展開するようになって以降である。

一九五六年に数名のスィンティ有志が〈ユダヤ教徒以外の人種的被害者連盟（Verband rassisch Verfolgter nichtjüdischen Glaubens）〉を立ち上げたが、この段階では自称すら使用できなかった。七一年になって〈西ドイツ・スィンティ中央委員会（Zentralkomitee der Sinti Westdeutschlans）〉が結成、翌年五月に〈ドイツ・スィンティ連盟（Verband der Sinti Deutschlands）〉に改名した。さらに八二年二月に〈ドイツ・スィンティ・ロマ中央委員会（Zentralrat Deutscher Sinti und Roma）〉へ発展した（Romani Rose, *Bürgerrechte für Sinti und Roma*［『スィンティとロマの市民権』］, Zentralrat Deutscher Sinti und Roma, Heidelberg, 1987, pp. 88-89, 99）。なお、「ドイツでは一九五一年にドイツ・シンティ協会が設立」（水谷驍『ジプシー』平凡社、二〇〇六年、一四七ページ）との記述は誤植であるか無知に基づいている。

　スィンティによる反差別・市民権獲得運動が本格化するまで、行政機関もマスコミも他称の「ツィゴイナー」を使いつづけた。敗戦後ドイツでロマ問題を担当するようになった行政機関は社会福祉省（Bundesministerium für Jugend, Familie und Gesundheit）だが、同省の一九八〇年発行出版物は『ツィゴイナーと放浪者の援護（*Hilfen für Zigeuner und Landfahrer*）』、八二年になって『ドイツ連邦共和国におけるスィンティの社会的状況（*Soziale Situation der Sinti in der Bundesrepublik Deutschland*）』と当事者の自称がはじめて使われた。ところが、敗戦後も「ジプシー」の「特別把握」を継続したドイツ連邦警察は、「ジプシー」を意味するさまざまな警察新用語、「放浪者（Landfahrer）」などを使用した。二〇一一年内に警察が報道機関向けに発表した容疑者に関する情報の分析によれば、容疑者を「スィンティ」「ロマ」「トラヴェラー」「ティンカー」などと明記したものもあるが、多くは「放浪者」など「ジプシー」の同意語、あるいは容疑者が「ジプシー」であることを暗にほのめかす用語、「移動少数民族」「非定住少数者」「大家族集団」「南東ヨーロッパ風」「黒っぽい皮膚」「黒髪」「丈の長いカラフルなスカート」などが使われた（Markus End, *Antiziganismus in der deutschen Öffentlichkeit*［『ドイツ世間における反ジプシー主義』］, Dokumentations- und Kulturzentrum Deutscher Sinti und Roma, Heidelberg, 2014, pp. 237-259）。すでに一九七三年一二月にドイツ新聞評議会が決定した新聞倫理綱領の第一二条は、「何人もその性、障害、民族、宗教、社会集団、国籍によって差別されてはならない」と定めた。そのあと、報道姿勢のいくらかの改善は認められたものの、その実現はまだほど遠い。http://www.presserat.de/fileadmin/user_upload/Downloads_Dateien/Pressekodex2017_web.pdf

（93）Matras、前掲注（47）、p. 110.

なお、スペインやポルトガルのロマはカロ（Caló）を自称し、フィンランドとイギリス南西部のウェールズ地方北部で暮らすロマ（Donald Kenrick, *The Romani World - A historical dictionary of the Gypsies*［『ロマニの世界—ジプシー歴史事典』］, University of Hertfordshire Press, Hertfordshire, 2004, p. 100）、あるいは一六世紀から一九世紀にかけてポルトガルから植民地ブラジルへ追放されたロマもカロを自称する。ちなみにブラジルのカロ人口は八〇万人（二〇一〇年当時）ほどと推定され、ブラジル初のロマ組織も一九八七年にリオ・デ・ジャネイロで結成された（Druzhemira Tchileva,

"Emerging Romani Voices from Latin America"〔「中南米諸国で出現したロマの声」〕, Europenan Roma Rights Centre, Budapest, 27.05.2004.
http://www.errc.org/article/emerging-romani-voices-from-latin-america/1847

（94）Lev Tcherenkov & Stéphane Laederich, *The Rroma. Volume 1* : History, Language, and Groups（『ロッマ 第1巻：歴史、言語と下部集団』）, Schwabe Verlag, Basel, 2004, p. 348.

（95）関口義人『ジプシーを訪ねて』岩波新書、二〇一一年、二四、二六ページ。

（96）Peter Vermeersch, *The Roma Movement - Minority Politics & Ethnic Mobilization in Contemporary Central Europe*（『ロマ運動―中央ヨーロッパにおける現代の少数民族政策と民族移動』）, Berghahn Books, New York, 2006, pp. 14-15.

（97）Judith Okely, *The Traveller Gypsies*, Cambridge University Press, Cambridge, 1983, pp. 2, 8,12-13 →ジュディス・オークリー／木内信敬 訳『旅するジプシーの人類学』晶文社、一九八六年、二三〜二四、三三、四〇ページ。

（98）相沢好則『ジプシー―受難漂泊の自然児』新地書房、一九八九年、一五三ページ。

（99）相沢好則『ロマ・旅する民族―ジプシーの人類学的考察の試み』八朔社、一九九六年、九〇〜九一ページ。

（100）Wim Willems, "Ethnicity as a Death-Trap: the History of the Gypsy Studies"（「障害物としてのエスニシティ：ジプシー史研究」）in : Leo Lucassen, Wim Willems and Annemarie Corraar, *Gypsies and other*

Itinerant Groups - A Socio-Historical Approach（『ジプシーとその他の放浪集団―社会史的研究』）, Palgrave, New York, 2001, pp. 17-18.

（101）Rüdiger、前掲注（1）、p. 62.

リュディガー論文は原著の三七～八四ページに掲載されたが、五九～八四ページまでの英訳があり、英訳二ページが原文の六二ページに該当する→https://romani.humanities.manchester.ac.uk//downloads/1/ruediger_translation.pdf

「ドイツ語ができない」と認めつつも、「リュディガーにもジプシーにたいするさまざまな誤解と偏見があった」（水谷、前掲注（9）、一四一ページ）と主張する著者にもこのサイトの閲覧を薦めたい。

（102）Leo Lucassen, *Zigeuner. Die Geschichte eines polizeilichen Ordnungsbegriffes in Deutschland 1700-1945*（『ジプシー―一七〇〇年から一九四五年にかけてのドイツ警察の分類用語』）, , Böhlau Verlag, Köln / Weimar / Wien, 1996, pp. 7, 38, 40.

（103）Leo Lucassen, "Eternal Vagrants? State Formation, Migration, and Travelling Groups in Western-Europe, 1350-1914"（「永遠の放浪者?　国家形成、移動と西ヨーロッパの移動集団、一三五〇～一九一四年」in : Jan Lucassen & Leo Lucassen（eds）, *Migration, Migration History, History - Old Paradigms and New Perspectives*,（『移住、移住史、歴史―古い考え方と新しい観点』）, Peter Lang, Bern, 1997, p. 232.

（104）Yaron Matras "The Role of Language in Mystifying and Demystifying Gypsy Identity"（「ジプシー・

アイデンティティをあいまいにするためと明確にするために言語が果たす役割」）in : Nicholas Saul & Susan Tebbutt（ed.）, *The Role of the Romanies*（『ロニマの役割』）, Liverpool University Press, Liverpool, 2005, p. 53.
中欧出身の非定住生活者集団イェニシェは、生活様式が酷似した行商ユダヤ人ともロマ民族とも頻繁な接触があり、イェニシェ独自の言語の語彙の一六パーセントがイディシュ語（中欧・東欧のアシュケナーズィ系ユダヤ人の言語）、一五パーセントがロマニ語の借用語とされる（Heidi Schleich, *Das Jenische in Tirol*（『ティロール州のイェニシェ語』）, EYE Verlag, Landeck, 2001, pp. 53. 55）。なお、ティロール（チロル州のこと）のイェニシェの多くは手押し車（カレ）で移動したため、「カルナ（Karrner）」とも呼ばれた。

（105）同上、pp. 55, 59.

（106）Thomas Acton, "Modernity, Culture and 'Gypsies' : Is there a Meta-Scientific Method for Understanding the Representation of 'Gypsies' ? And do the Dutch really Exist?"（「近代性、教養と『ジプシー』:『ジプシー』描写を理解する形而上学的方法論はあるのか？　それと本当にオランダ人は実在するのだろうか？」）, in : Nicholas Saul & Susan Tebbutt（ed.）*The Role of the Romanies*（『ロマニの役割』）, Liverpool University Press, Liverpool, 2005, pp. 98, 105-106.
なお、批判的研究者のアクトンは一九七〇年代から行政機関や「ジプシー研究者」が使いつづける「ジプシー」区分の検討に着手、区分のひとつである「『真のジプシー』とは誰か？」という問題提起をした。連合王国での行政機関による「ジプシー」区分は、「真のジプシー（True Gypsy）」、「混血ジプシー（Pushcat と Didecai）」、「非ジプシーの移動生活者（Itinerant）」、「ティンカー」（Tinker）や「トラヴェラー」（Traveller）と雑多なことを明らかにし、「『真のジプシー』という神話を地方自治体もジプシー自身も異なる観念論的理由からほぼ同時期に創造して、研究者やその他の人びとを誤った方向へ導いた」と結論づけた（Thomas Acton, *Gypsy Politics and Social Change*（『ジプシー政策と社会変動』）, Routledge and Kegan Paul, London, 1974, pp. 54, 60-78.

（107）Willems、前掲注（40）、p.293.

（108）水谷、前掲注（9）、三三ページ。

（109）Rüdiger、前掲注（1）、p. 56 →本書、四三ページ。

（110）水谷驍『ジプシー―歴史・社会・文化』平凡社、二〇〇六年、八四～八五ページ。

（111）同上、二四八ページ。

（112）ＩＭＡＤＲロマプロジェクトチーム編『「ロマ」を知っていますか』解放出版社、二〇〇三年、四〇ページ。

（113）マルティネス、前掲注（7）、水谷「訳者あとがき」一六七ページ。

（114）ブロック、前掲注（2）、三一、三七ページ。

（115）マルティネス、前掲注（7）、水谷「解題」六ページ。

（116）同上、八七～九七、一五二ページ← Martinez,., pp. 62-71, 118.

(117) 左地亮子『現代フランスを生きるジプシー――旅に住まうマヌーシュと共同性の人類学』世界思想社、二〇一七年、一一〜一二ページ。
(118) Kenrick (2004) & Kenrick (2010), 前掲注 (11), p. 51 & pp. 46-47.
(119) 水谷、前掲注 (9)、七〜八ページ。
(120) 同上、三八ページ。
(121) 左地、前掲注 (117)、二六二ページ。
(122) 水谷、前掲注 (9)、二二〇ページ。
(123) 金子マーティン『「スィンティ女性三代記(上)」を読み解く』凱風社、二〇〇九年、七ページ。
(124) 水谷、前掲注 (9)、三六ページ。
(125) Iulia-Karin Patrut, "'Zigeuner', Juden und die Kunst. Zu einem Ausgrenzungsdiskurs bei Richard Wagner, Frasnz Liszt und Houston Stuart Chamberlain" (「『ジプシー』、ユダヤ人と芸術。リヒャルト・ワグナー、フランツ・リストとヒューストン・スチュアート・チェンバレンによる排除論」in : *Fremde Arme-arme Fremde. "Zigeuner" in Literaturen Mittel- und Osteuropas* (『よそ者の貧困者―貧困なよそ者。中央・東ヨーロッパの文学にみる「ジプシー」』), Peter Lang, Frankfurt am Main, 2007, p. 226.
(126) 水谷、前掲注 (9)、二三七ページ。
(127) 金子マーティン「国際社会で承認のロマ民族史の転覆を謀る『ジプシー研究』―水谷驍著『ジプシー史再考』(柘植書房新社、二〇一八年)を読む」『部落解放研究』第二一〇号、(一社)部落

解放・人権研究所、二〇一九年三月、一三二ページ。

（128）水谷驍「『反ジプシー主義の差別思想』というレッテル貼りを排して—金子マーティン『部落解放研究』二一〇号（二〇一九年三月）掲載論文に答える」『部落解放研究』第二一二号、（一社）部落解放・人権研究所、二〇二〇年三月、一四二ページ。

（129）Willems、前掲注（40）, p. 89.

（130）水谷、前掲注（9）、二三六ページ。

（131）Johann Christian Christoph Rüdiger, *Neuester Zuwachs der teutschen,fremden und allgemeinen Sprachkunde* Drittes Stück, Paul Gotthelf Kummer, Lepzig, 1784, S.131.

（132）水谷、前掲注（9）、一三二〜一三三ページ。

（133）水谷、前掲注（128）、一五四、一四五ページ。

（134）Willems、前掲注（40）, p. 78.

（135）Biester、前掲注（87）, pp. 364-367.

（136）水谷、前掲注（9）、二〇二ページ。

（137）Ian Hancock, *We are the Romani people / Ame sam e Rromane džene*（『われらはロマニ民族』）, University of Hertfordshire Press,Hertfordshire, 2002, p. 34.

（138）金子、前掲注（123）、一九三ページ。

（139）Tcherenkov & Laederich、前掲注（94）, p. 184.

（140）水谷、前掲注（128）、一三九～一四〇、一五四ページ。ロナルド・リー／金子マーティン訳『ロマ　生きている炎―少数民族の暮らしと言語』彩流社、二〇一四年所収「ロマニ語小辞典」参照：「Gazho（ガジョ）非ロマ男性の単数形」、三三〇ページ。Gazho, Gadžo, Gadžó, Gažó, Gādšo, Gatscho, Gadscho などさまざまな表記法があるがロマニ語で非ロマ男性を意味する単語のカタカナ標記は短いア（ā）のガジョとなる。

（141）Ulrich Steuten（Hg.）, *Für immer "Zigeuner"? Zur Kontinuität des Antiziganismus in Deutschland*（『いつまでも「ツィゴイナー」？　ドイツにおける反ジプシー主義の連続性』）、Verband für Interkulturelle Arbeit, Duisburg, 2017, p. 117.

（142）「一九八七年二月に『設立の呼びかけ』文を廻し、（…）四月四～五日に早稲田奉仕園で創立大会を開き、（…）関西で大衆的に顔を見せたのは一一月大阪部落解放センターで寄せ場学会創立記念と称してシンポジウムもやった時、（…）翌一九八八年三月、年報『寄せ場』創刊号発行」に漕ぎついた「日本寄せ場学会」創設で中心的な役割を果たした松沢哲成が、二〇一九年九月二二日に七九歳で死去された（松沢哲成『往事渺渺　松沢哲成「回想録」』寒灯舎、二〇二〇年、八四ページ）。その関係もあり、二〇一九年度年報の発行は大幅に遅れ、二〇二〇年度年報との合併号として発行されることになった。金子マーティン「水谷驍氏『ジプシー観』の最終的批評」、『寄せ場』第三〇・三一合併号、一三七頁。

（143）佐治芳彦『漂白の民　山窩の謎―日本のジプシー』新國民社、一九八二年、二六一～二六七ページ&「サンカの故郷」(『マージナル』第一号、現代書館、一九八八年、一三八〜一四三ページ)。「漂白」という生活・居住様式の類似性のみから佐治芳彦は「サンカ・ジプシー同根説」を唱えるが、サンカやその前身とされるクグツと「ジプシー同源説」は民俗学者の柳田國男(1875-1962)やその門下の後藤興善(1900-1986)によっても唱えられた(金子、前掲注(123)、三四ページ)。

(144) Thomas Fricke, *Zigeuner im Zeitalter des Absolutismus - Bilanz einer einseitigen Überlieferung*(『専制君主制下のジプシー——偏向した伝承の総括』), Centaurus Verlagsgesellschaft, Pfaffenweiler, 1996, p. 191.

(145) Engelbert Fink, "Was mir aus meiner Kindheit über die 'Karrner' in Erinnerung ist"(「『カルナ』についての幼年時代の思い出」), in : Romedius Mungenast(Hg.), *Jenische Reminiszenen - Geschichte(n), Gedichte ein Lesebuch*(『イェニシェ思い出の品々——歴史・物語・詩集の読本』所収), EYE Literaturverlag, Landeck, 2001, p. 91.

(146) Rosa Winter, "Wie es so war unser Leben" in: Ludwig Laher(Hg.) *Uns hat es nicht geben sollen*, Buchverlag Franz Steinmaßl, Grünbach, 2004, p. 50 →ローザ・ウィンター「スィンティの生活はこんな風だった」(ルードウィク・ラーハ 編著/金子マーティン 訳『私たちはこの世に存在すべきではなかった』所収)凱風社、二〇〇九年、九九ページ。

もっとも、実際はスロヴァキア東部スヴィニア(Svinia)のロマ集落住民のように、仕事がなく極貧であるため犬を食用にするしかないロマもいる。それらのロマはほかのロマから「デゲスィ(Degesi)」と呼ばれ、不浄であるため忌避される。「デゲスィ」は「犬食い」の意味である(Karl

-Markus Gauß, *Die Hundeesser von Svinia*（『スヴィニアの犬食い』）, Zsolnay Verlag, Wien, 2004, p. 36）。

（147）左地、前掲注（117）、二六二、一二ページ。

（148）Alfred Dillmann（Bearbeitet）, . *Zigeuner*=Buch（『ジプシー総鑑』）, Sicherheitsbureau der K. Polizeidirektion München, Dr. Wild 'sche Buchdruckerei' München, 1905, p. 9.

（149）金子、前掲注（123）、一九六ページ。

（150）Martin Luchterhandt, *Der Weg nach Birkenau. Entstehung und Verlauf der nationalsozialistischen Verfolgung der Zigeuner*（『ビルケナウへの道。ナチスによる「ジプシー」迫害の発生と経過』）, Verlag Schmidt- Römhild, Lübeck, 2000, pp. 131-132, 264.

（151）同上、p. 119.

（152）Robert Ritter, "Die Bestandsaufnahme der Zigeuner und Zigeunermischlinge in Deutschland"（「ドイツにおけるジプシーと混血ジプシーの現状調査」）, *Der Öffentliche Gesundheitsdienst* 6. Jahrgang Heft 21（『公共公衆衛生』第六巻第二一号）, Verlag Georg Thieme, Leipzig, 1941, p. 483.

（153）Hans Günther, *Rassenkunde des deutschen Volkes*,（『ドイツ民族の人種学』）, Lehmann Varlag, München, 1934, p. 173.

（154）ロマニ・ローゼ 編／金子マーティン 訳『ナチス体制下におけるスィンティとロマの大量虐殺—アウシュヴィッツ国立博物館常設展示カタログ［日本語版］』解放出版社、二〇一〇年。

ナチスによるロマ民族大量殺戮計画に関する最初の研究書は、ドナルド・ケンリックとグラタン・パックソンの共著『ヨーロッパ・ジプシーの運命』（Donald Kenrick & Grattan Puxon, *The Destiny of Europe's Gypsies*, Sussex University Press, London, 1972）だが、東欧諸国の資料館所蔵資料が未開示であった当時、資料的に裏づけることができたロマ民族のホロコースト犠牲者総数は「二一万九七〇〇人」（pp. 183-184）だった。小川悟監訳『ナチス時代の「ジプシー」』（明石書店、一九八四年）は同書の日本語訳書だが、犠牲者総数が「二一九、六〇〇」（二四六ページ）となっており、誤植と思われる。なお、同書改訂版でケンリックとパックソンは「ナチスによってどれだけのロマが虐殺されたのかわれわれは知らない。だが、よく引き合いに出される五〇万人という数字には容易に達することができるだろう」とする（Donald Kenrick & Grattan Puxon, *Gypsies under the Swastika*（『カギ十字下のジプシー』）, University of Hertfordshire Press, Hertfordshire, 2009, p. 153）。

ヤン・ヨァーズはロマ民族関連の二冊目の本、『抵抗―第二次世界大戦中の生存と反抗の日誌』で、第二次世界大戦中「五〇万人から六〇万人のジプシーが非業の死を遂げたと推定される」とした（Jan Yoors, *Crossing - A Journal of Survival and Resistnce in World War II*, Simon and Schuster, New York, 1971, p. 34）。

近代史家ミヒャエル・ツィンマーマン（Zimmermann Michael, 1951-2007）の代表作は『人種ユートピアとジェノサイド―ナチスの「ジプシー問題解決」』（*Rassenutopie und Genozid - Die nationalsozialistische "Lösung der Zigeunerfrage"*, Hans Christians Verlag, Hamburg, 1996）である。

ツィンマーマン著『人種ユートピアとジェノサイド』をベルリン大学名誉教授ウォルフガング・ウィッパーマンは、「ドイツ国内のアーカイブが所蔵する重要史料すべてがツィンマーマン著に収録された」と評価する一方、「東欧地域でのロマ迫害の描写はまったく不十分でとても不完全」と批判する。さらに、「ナチス体制下において虐殺されたジプシーの総数を正確に弾き出すことはできない」とツィンマーマンはしたものの、それでも「総数九万六〇〇〇人という驚くべき低い犠牲者総数を提示した」と指摘する（Wolfgang Wippermann, *"Ausgewählte Opfer?" Shoah und Porrajmos im Vergleich*〔「選択された犠牲者？」ショア＝ユダヤ民族大量虐殺とポライモス＝ロマ民族大量虐殺の比較〕, Frank & Timme, Berlin, 2005, pp.118-120）。ウィッパーマン自身はその総数を「二〇万から五〇万人」とする（Wolfgang Wippermann, *"Wie die Zigeuner". Antisemitismus und Antiziganismus im Vergleich*（『「ジプシーのように」。反ユダヤ主義と反ジプシー主義の比較』,Elefanten Press, Berlin, 1997, p.167）。

また、東カナダ・ロマ長老のロナルド・リーは、「ナチスとその傀儡国家によって虐殺されたロマ犠牲者の総数が判明することはないだろうが、五〇万人という初期の推定値は低すぎる。より新しい推定は一〇〇万人以上が虐殺されたとする。ジプシーを意味した「Z」印でナチス強制収容所に登録された被害者の史料のみが残されている。ナチスが侵略した国々やナチスの傀儡国家でも、無数のロマが虐殺された。だが、その統計は存在しない。アメリカ・ホロコースト博物館評議会の首席研究員、故スィビル・ミルトン（Milton Sybil, 1941-2000）博士は、ロマのホロコースト犠牲者総数を一五〇万人と見積もる。国際移住機関（International Organization for Migration）も同じ結論に到達した」とする。（Ronald Lee, "The Attempted Genocide and Ethnocide of Roma"（「ロマの大量虐殺と民族文化破壊未遂」in : *Cultivating Canada. Reconciliation through the Lens of Cultural Diversity*（『カナダを教化する。文化的多様性のレンズを通しての和解』）, Aboriginal Healing Foundation, Ottawa, 2001, p. 230）。

（155）Gheorghe Nicolae, "Choices to be made and prices to be paid : Potential roles and consequences in Roma activism and policy-making"（「なされなければならない選択と支払われなければならない値段：ロマ運動と政策立案の可能性と影響」）, in : *From Victimhood to Citizenship - The Path of Roma Integration*（『犠牲者役割から公民権へ―ロマ統合の道程』）, Paliv European Roma Fund, Weinheim, 2013, p. 81.

（156）"Charta on the Rights of the Roma"（「ロマ人権憲章」）https://www.ertf.org/images/ERTF_Charter_Rights_Roma_EN_FIN.pdf

（157）"Declaration of Schlaining Against Racism, Violence, and Discrimination"（「人種主義、暴力と差別に反対するシュライニング宣言」pp. 3-4. = http://www.friedensburg.at/uploads/files/Declaration_1995.pdf

（158）Council of Europe, *Roma History - From India to Europe*, Strasbourg, publication year unknown（発行年不詳だが、二〇〇四年以降発行）, p.1.

（159）Tcherenkov & Laederich、前掲注（94）、pp. 17-18, 25, 31, 49, 65, 67-68.

（160）Ian Hancock、"The emergence of Romani as a Koïné outside of India"（「（二つ以上の方言の接触によって形成される）コイネー言語としてインド国外で出現したロマニ語」）in：Thomas Acton（ed.）*Scholarship and Gypsy Struggle*（『学問とジプシーの闘い』所収），University of Hertfordshire Press, Hertfordshire, 2000, pp. 7-9 / Ian Hancock、前掲注（137）、pp. 10-11 / Raijko Djurić（u.a.），Ohne Heim - ohne Grab（『わが家もなく、墓もなく』），Aufbau Taschebuch Verlag, Berlin, 2002, p. 55 / Marko Knudsen, *Die Geschichte der Roma*（『ロマ史』），Roma News Society, Hamburg, 2003, pp. 11-13（http://www.romahistory.com/）/ Ronald Lee, "Roma in Europe : 'Gypsy' Myth and Romani Reality - New Evidence for Romani History"（「ヨーロッパのロマ：『ジプシー』神話と実在するロマ史の新証拠」in：Valentina Glajar & Domnica Radulescu（ed.）*"Gypsies" in European Literature and Culture*（『ヨーロッパ文学と文化における「ジプシー」』所収），Palgrave Macmillan, New York, 2008, p. 2 / Ian Hancock, "On Romani origins and identity"（「ロマニの起源とアイデンティティ」in: 前掲注（63）、pp. 71-81 / Ronald Lee, "The Attempted Genocide and Ethnocide of the Roma"（「計画されたロマの大量殺戮と民族文化の徹底破壊」），in：Ashok Mathur（a.o.ed.）*Cultivating Canada*（『カナダを啓発する』所収），Aboriginal Healing Foundation, Ottawa, 2011, p. 219.

（161）Roger Moreau, *The Rom – Walking in the Paths of the Gypsies*, Key Porter Books, Toronto, 1995.

（162）「西洋穢多の舶来」（『京都日出新聞』明治三四（一九〇一）年九月一七日）。

（163）ディヴィド・グットマン「日本の『反ユダヤ主義者』たち」『宝島三〇』宝島社、一九九五年四月、三二一〜三四ページ。
（164）金子、前掲注（10）、二七七〜二八二ページ。
（165）関口、前掲注（95）、二〇ページ。
（166）念佛明奈「収容所跡地での追悼式典」『毎日新聞』朝刊、二〇二〇年一月二八日。
（167）喜田尚「伊、ロマ人指紋採取へ」『朝日新聞』夕刊、二〇〇八年六月三〇日。
（168）門田耕作「人権コラム　原発ジプシー─比喩としての『ジプシー』考」（asahi.com 2011/07/15）
（169）堀江邦夫『原発ジプシー─被曝下請け労働者の記録［増補改訂版］』現代書館、二〇一一年、三四五〜三四六ページ。
（170）北野正人・佐川健太郎『就活ジプシー』幻冬舎、二〇一八年、一五ページ。
（171）金子、前掲注（123）、七一ページ。
（172）金子マーティン「オーストリア・ロマの文化活動─文学・試作・絵画・映像を中心に」（『寄せ場』第二六号、れんが書房新社、二〇一三年一二月）一五九ページ。
（173）Romani Rose, *Bürgerrechte für Sinti und Roma. Das Buch zum Rassismus in Deutschland*（『スィンティとロマに市民権を。ドイツの人種差別主義についての本』）, Zentralrat Deutscher Sinti und Roma, Heidelberg, 1987, p. 9.
（174）Ian Hancock, *The Pariah Syndrom*, Karoma Publishers, Ann Arbor, 1987, p. 119 →イアン・ハンコック／水谷驍 訳『ジプシー差別の歴史と構造─パーリア・シンドローム』彩流社、二〇〇五年、

一七六ページ。

（175）Peter Hahne, *Rettet das Zigeuner-Schnitzel !*（『ジプシー・カツレツを救え！』）, Quadriga Verlag, 2014, Köln, p. 35.

（176）"Rassismusdebatte : Knorr benennt Zigeunersauce um"（「人種差別主義論争：ジプシー・ソースの名称をクノール食品は変更」）, *Welt*, 16.08.2020. https://www.welt.de/vermischtes/article213645146/Rassismusdebatte-Knorr-benennt-Zigeunersauce-um.html

（177）"Rassismusdebatte: Kelly's benennt Zigeunerräder um"（人種差別主義論争：ケッリーズがジプシー車輪の名称を変更）, Ö3 - ORF, 16.08.2020. https://oe3.orf.at/storeis/3006088/

（178）日本語訳：牛島信明 訳「ジプシー娘」『スペイン中世・黄金世紀文学選集⑤』所収、国書刊行会、一九九三年、一一～一二五ページ。

（179）福島良典・小倉孝保「金髪の子連れ　疑われるロマ／欧州の差別浮彫　指弾の声」『毎日新聞』朝刊、二〇一三年一〇月二七日。

（180）Winter, a.a.O., p. 25 →ウィンター、前掲注（146）、五五ページ。

（181）金子マーティン「中世から継続する偏見と新たな恐怖感」『部落解放研究』第二〇三号、（一社）部落解放・人権研究所、二〇一五年一〇月、二二九～二三〇ページ。

（182）Winter, a.a.O., p. 48 →ウィンター、前掲注（146）、九五～九六ページ。

（183）小野寺誠『ジプシー生活誌』日本放送出版協会、一九八一年、一一六、一二五ページ。

（184）"Atlas of the world's Languages in danger"（「存続の危機にある世界の言語地図」） http://www.unesco.org/culture/en/endangeredlanguages/atlas

ちなみにOkinawan（ウチナーぐち＝琉球語）もロマニ語と同じく、「確実に存続の危機に直面する言語」の（三）に分類された。

（185）Gitta Martl, "Auch beim Lachen kann das Herz Schmerz empfinden" in : a.a.O., p. 146→ギッタ・マーテル「笑うときにも心に悲しみがあり」（前出注（146）書所収）、一八〇ページ。

（186）Nicole Martl, "Meine Wege" in : a.a.O., p. 146→ニコル・マーテル「私が歩む道」（同上書所収）、二四三ページ。

（187）Benz、前掲注（38）、p. 52.

あとがき

本書第一章では、主として日本で無名に近い存在でありつづける啓蒙主義者で比較言語学者のリュディガーと、その労作「ジプシーの言語とそのインド起源について」を紹介した。ロマ民族の民族語ロマニ語とインドのサンスクリット語の類似性を実証したリュディガーは、「ジプシーの故郷はインド」であることを最初に突き止めた研究者である。つまり、「ジプシーの言語とそのインド起源について」と題するリュディガー論文は、ロマ民族研究の基礎資料であるべきなのだが、その論文自体もリュディガーの名も日本においてほとんど未知に近い。そのような現状は日本におけるロマ民族研究の進捗を妨げるのではないかと考え、リュディガー論文の主要個所を抜粋して日本語訳にした。

日本とドイツの言語学者、田中克彦一橋大学名誉教授とハンブルク大学元教授でフィンランドの考古・神話学研究所（Instute of Archaeomythology）ヨーロッパ支部の副所長ハラルト・ハールマン教授の共著『現代ヨーロッパの言語』は、「ジプシー語」にも一ページ半を割いている。[*1] 同書の著者でもあるハールマン教授の序文と参考文献目録つきでリュディガー論文「ジプシーの言語とそのインド起源について」は、一九九〇年にハンブルクのブスケ出版社から冊子として復刻された。[*2] だが、同冊子は印刷が不鮮明な個所もあり判読が難しいので、オーストリア国立図書館のアウグスティナ閲覧室（古文書と古印刷本）所蔵の一七八二年発行の原書、『ドイツ語、外国語および言語学一般に関する最新業績論文集』第一巻所収[*3]の「ジプシーの言語とそのインド起源について」（三七〜八四ページ）を複写し、それを原典として利用した。

もっとも、それでも判読にそうとう苦労した個所も少なくなかった。二三〇年以上も前に刊行されたリュディガー論文はところどころ印刷が不鮮明なところがあるだけでなく、その文体も旧ドイツ文字（亀甲文字）、綴り方も現在と異なり、今日では使われないような単語も少なからず使用しているため、比較的短文であるのにもかかわらず、日本語に翻訳するのにかなり手間取った。

何度も挫折しそうになり翻訳を中断したことが数度あったので、完訳するまで想定よりも多くの時間を費やすことになった。とにかく、今までに日本語訳にしたドイツ語出版物のなかで、リュディガー論文「ジプシーの言語とそのインド起源について」はもっとも困難であった。

四十数年まえにロマ民族研究を始めたころ、リュディガー論文の存在を教えたくれたのは、在野のロマニ語研究者モーゼス・ハインシンクだった。トルコ西部イズミール出身のロムニ、ファトマ・ザムバクリ・ハインシンク（Heinschink Fatma Zambakli, 1943-2017）と結婚したモーゼスは、外国人労働者としてウィーンへ移住したトルコや旧ユーゴスラヴィア出身のロマと一九五〇年代末期から接触し、それらロマからロマニ語のさまざまな方言を教わり、ウィーン在住のロマたちからロマニ語の「生き字引」と評されている。そのモーゼスがリュディガー論文を紹介してくれたことを、現在も彼に深く感謝する。

一七八二年発行の原書『ドイツ語、外国語および言語学一般に関する最新業績論文集』第一巻から複写した「ジプシーの言語とそのインド起源について」を読み、その内容の先駆性と開明性に驚いたことを鮮明に記憶する。現在にいたってもなお、少なからぬ人びとが到達していない認識に、リュディガーは二〇〇年以上も前にたどり着いたのである。もっとも、言語学が専門分野でない筆者は、言語学的観点からリュディガー論文を評する力量に欠けるため、ウィーンを再訪したときモーゼスの意見をもう一度聞かせていただいた。

「時代的制約があったので、リュディガー論文には誤りもある。たとえば、対格（四格）と奪格（六格）はまったく問題ないのだが、属格（二格）と与格（三格）で苦労したようで正確でない。もっとも、ロマニ語についての情報がほとんどなく、またロマニ語そのものについての知識も乏しかった当時、あれだけの論文が書けたリュディガーはやはりすごい言語学者だった」[*4]。

モーゼスのリュディガー評価はこのようにすこぶる高い。また、言語学者でロマニ語研究が専門のマンチェスター大学のヤロン・マトラス教授、あるいは『ジプシー語大辞典』を著したドイツの言語学者スィークムント・ウォルフ教授のリュディガー評価も同じくとても高い（本論、一八～一九ページ）。

リュディガー論文の日本語訳者として感じたリュディガーの時代的制約は、研究対象に選んで民族の自称がカロ（Kalo）であることを聞き取っていたのにもかかわらず、当事者の大多数が嫌悪する他称「ツィゴイナー（Zigeuner）」を一貫して使いつづけ、自称"kalo"を小文字表記に、だが他称の"Zigeuner"を大文字表記にしたところである。だが、ロマ民族の起源がインドであることを最初に突き止めたリュディガーの言語学的業績、また自分自身が生きた当時の社会意識を大幅に超越した彼の開明性は、最大限の賛美に値するだろう。

リュディガーの労作「ジプシーの言語とそのインド起源について」の日本語訳抜粋を通して、無名に近い存在でありつづけるリュディガーの名が日本においてもいくらか認知されるようになり、正当な評価を受けるよう望む。

幾多の書籍で「ジプシーのインド起源を最初に突き止めた研究者」として登場するグレ

ルマンと比較して、リュディガーはグレルマンよりも六年も前の一七七七年春段階に「ジプシー語とヒンディー語の類似性」に気づき、その研究成果をグレルマンよりも一年早く公表した。

それだけではない。グレルマンはリュディガー論文をはじめとするさまざまな先行研究を剽窃したと指摘されている。いずれにせよ、リュディガーはグレルマンよりはるかに開明的な啓蒙主義的だっただけではなく、正直でもあった。そして、なによりも親ロマ的だった。そのリュディガーは正当な評価を受けるべき研究者だろう。

＊

二一世紀に入って日本へも上陸した、「ジプシー」のインド起源否定論を本書第二章で検討した。ロマ民族が少数民族として暮らしており、反差別・人権獲得に邁進する当事者自身による多数の自主的運動体がヨーロッパ諸国、南北アメリカやオーストラリアなどで結成されている。また、その運動を支援する研究者もそれらの地域にいる。だが、当事者不在の日本ではそのような運動体もない。ロマやスィンティの人権運動にもかかわる日本の組織は、〈反差別国際運動（ＩＭＡＤＲ）〉ぐらいだろう。

「歴史修正主義」の一形態と捉えるロマ民族のインド起源否定論は、「ジプシー」のインド起源を疑問視するだけではなく、ロマ民族の民族性そのものまでも全面否定し、「雑多な出自の貧民・流民層」に「ジプシー」の起源を求める。また、民族性とまったく無関係な「非定住」という居住形態を判断の主軸に据え、「あらゆる移動生活者集団」を「ジプシー視」するが、それはまさにナチスが唱えた論の反復でしかない。ロマ民族の起源を知ることは、この民族に対する偏見や差別感を乗り越えるための前提になる。

だが、現在も「ジプシー」について正しい知識を持ち合わせる一般的日本人が多いとは思われない。そのため、「ジプシー」のインド起源否定論のような珍説が、容易に受け入れられる可能性も少なくないと危惧する。よって、ロマ民族のインド起源を疑問視し、ロマ民族のエスニスィティそのものの否定まで試み、当事者が嫌悪する「ジプシー」などの他称＝蔑称を執拗《しつよう》に使い続ける数名の論者に対して、厳しい批判をした。本書は四〇年以上ロマ民族とかかわってきた、ガジョ老人によるインド起源否定論者に対する論難書である。

リュディガーが論文冒頭で記したように、中世ヨーロッパ社会で「ジプシー」は「軽蔑の対象となる一風変わった奇妙な集団」（本書、三八ページ）と見なされた。そのような切り口から日本人が「ジプシー研究」に取り組むことが許されるのかも知れない。なぜなら、「ジプシー」に対する「負の歴史」を日本国民は負わないから。比較的、最近までヨーロッパ向け観光案内書などに「ジプシーのスリに注意」などの記述があったものの、その民族総体の殲滅《せんめつ》を試み、それを運よく生き延びた人びととその末裔《まつえい》を差別・迫害・排斥しつづけるような現状は日本にはない。なぜなら、「ジプシー」が暮らしていないから。

「恐い人たちが来たから今日は外で遊んじゃダメ」など、数百年もつづいた偏見に満ちた差別的な話を幼年期から聞きながら育った多数派ヨーロッパ人に属する筆者は、「ジプシー」に対して無辜である日本国民と異なり、ロマ民族に対して特別な責任を負う。ロマ民族構成員にも多数派住民と平等な市民権が保障され、安全な生活がおくれるよう、ロマ民族出身の友人たちの人権が擁護されるよう、自分自身がやるべきことがあると自覚する。そのためにも、ロマ民族の正しい起源をひとりでも多くの日本人読者に知っていただきたい。

＊

日本国内に不在の少数民族ロマについては、知識が乏しいだけでなく、ロマに対する一般的関心もきわめて希薄であるというのが日本の現状である。そのため「ジプシー」関連の書籍もさほど売れる可能性が期待できないため、民主的と思われるような出版社でも「ジプシー」やロマ民族が主題である本の出版を敬遠する傾向にある。本書も出版社探しでもっとも苦労した。

救いの手を差し伸べてくれたのは、反差別運動にかかわる同志たちだった。反ロマ主義的で民族差別的な「ジプシー史」理解が日本で浸透することに危機感を抱く同志・友人・

知り合いが、本書出版を実現するため尽力してくださった。

その全員をここに列挙することはできないが、（一社）部落解放・人権研究所名誉理事の友永健三さんと大阪人権博物館館長の朝治武さんが中心となり、出版費用の捻出方法を考え、部落解放同盟や反差別国際運動の役員や関係者、人権問題を専攻されている大学教員など多くの方々が分担金を出資してくださったおかげで、本書はようやく出版に漕《こ》ぎ着けた。出資者の皆さまに心底から感謝いたします。

また、出版を決断してくださった解放出版社の坂本三郎社長や高野政司事務局長、原稿を点検・編集してくださった松原圭さんにもお礼を申し上げます。

ヨーロッパ大陸最大の少数民族ロマについての日本での覗き見趣味的ではない関心、そしていまだに世界各地で前近代的な差別、排斥と襲撃の対象でありつづけるロマ民族の理解と連帯に、本書がいくらかでも寄与するのであれば、それは著者の本望とするところである。

注

1 田中克彦／H・ハールマン『現代ヨーロッパの言語』岩波新書、一九八五年、一六八〜一六九ページ。

2　Harald Haarmann（Hg.）/ Joh. Christian Christoph Rüdiger, *Von der Sprache und Herkunft des Zigeuner aus Indien, Leipzig 1782*, Helmut Buske Verlag, Hamburug, 1990.

3　J. C. C. Rüdiger, *Neuester Zuwachs der teutschen, fremden und allgemeinen Sprachkunde* Erstes Stück, G. P. Kummer, Leipzig, 1782.

4　二〇一五年八月二五日、ウィーン市第三区のモーゼス宅にて聞き取り。

欧州評議会　ヨーロッパ諸国の推定ロマ人口平均値

（2012 年 7 月現在）

1	トルコ	2,750,000 人	23	オランダ	40,000 人
2	ルーマニア	1,850,000 人	24	アイルランド	37,500 人
3	ロシア連邦	825,000 人	25	コソヴォ	37,500 人
4	ブルガリア	750,000 人	26	オーストリア	35,000 人
5	ハンガリー	750,000 人	27	クロアティア	35,000 人
6	スペイン	750,000 人	28	ポーランド	32,500 人
7	セルビア	600,000 人	29	ベルギー	30,000 人
8	スロヴァキア	490,000 人	30	スイス	30,000 人
9	フランス	400,000 人	31	モンテネグロ	20,000 人
10	ウクライナ	260,000 人	32	ラトヴィア	12,500 人
11	イギリス連合王国	225,000 人	33	フィンランド	11,000 人
12	チェコ	200,000 人	34	ノルウェー	10,100 人
13	マケドニア	197,000 人	35	スロヴェニア	8,500 人
14	ギリシア	175,000 人	36	リトアニア	3,000 人
15	イタリア	150,000 人	37	デンマーク	2,500 人
16	アルバニア	115,000 人	38	アルメニア	2,000 人
17	モルドヴァ	107,100 人	39	アゼルバイジャン	2,000 人
18	ドイツ	105,000 人	40	グルジア	2,000 人
19	ボスニア・ヘルツェゴヴィナ	58,000 人	41	キプロス	1,250 人
20	ポルトガル	52,000 人	42	エストニア	1,050 人
21	スウェーデン	50,000 人	43	ルクセンブルク	300 人
22	ベラルーシ	47,500 人			

合計　11,260,300 人

※人口平均値とは、最大推定値と最少推定値の中間値のこと

人名索引（アルファベット順）

金子マーティン（かねこ・まーてぃん）

1949年、イングランド、ブリストル市生まれ。1956年初来日、1969年ウィーンへ移住。1978年ウィーン大学博士課程修了、1991年までウィーン大学日本研究所助手・講師。1983年オーストリア国籍取得。1991年～2018年まで日本女子大学現代社会学科教員。日本女子大学名誉教授、反差別国際運動事務局次長。

主な訳書と和文書籍：『ナチス強制収容所とロマ』（明石書店、1991年）、『「ジプシー収容所」の記憶』（岩波書店、1998年）、『ジャーナリズムと歴史認識』（凱風社、1999年、共著）、『神戸・ユダヤ人難民 1940-1941』（みずのわ出版、2003年）、『スィンティ女性三代記（上・下）』（凱風社、2009年）、『ナチス体制下におけるスィンティとロマの大量虐殺』（解放出版社、2010年）、『あるロマ家族の遍歴』（現代書館、2012年）、『ロマ 生きている炎』（彩流社、2014年）、『エデとウンク』（影書房、2016年）、『ロマ　「ジプシー」と呼ばないで』（影書房、2016年）。

ロマ民族の起源と言語――インド起源否定論批判

2021年3月20日　初版1刷発行

著者　金子マーティン

発行　株式会社 解放出版社
大阪市港区波除4-1-37 HRCビル3階 〒552-0001
電話 06-6581-8542　FAX 06-6581-8552
東京事務所
東京都文京区本郷1-28-36 鳳明ビル102A 〒113-0033
電話 03-5213-4771　FAX 03-5213-4777
ホームページ　http://www.kaihou-s.com/

装丁　平澤智正

カバー写真　金子マーティン撮影

印刷　萩原印刷株式会社

ISBN978-4-7592-6343-5　NDC382　P182　19cm

障害などの理由で印刷媒体による本書のご利用が困難な方へ

本書の内容を、点訳データ、音読データ、拡大写本データなどに複製することを認めます。ただし、営利を目的とする場合はこのかぎりではありません。

また、本書をご購入いただいた方のうち、障害などのために本書を読めない方に、テキストデータを提供いたします。

ご希望の方は、下記のテキストデータ引換券（コピー不可）を同封し、住所、氏名、メールアドレス、電話番号をご記入のうえ、下記までお申し込みください。メールの添付ファイルでテキストデータを送ります。

なお、データはテキストのみで、写真などは含まれません。

第三者への貸与、配信、ネット上での公開などは著作権法で禁止されていますのでご留意をお願いいたします。

あて先

〒552-0001 大阪市港区波除4-1-37 HRCビル3F 解放出版社
『ロマ民族の起源と言語』テキストデータ係

テキストデータ引換券
『ロマ民族の起源と言語』
6343